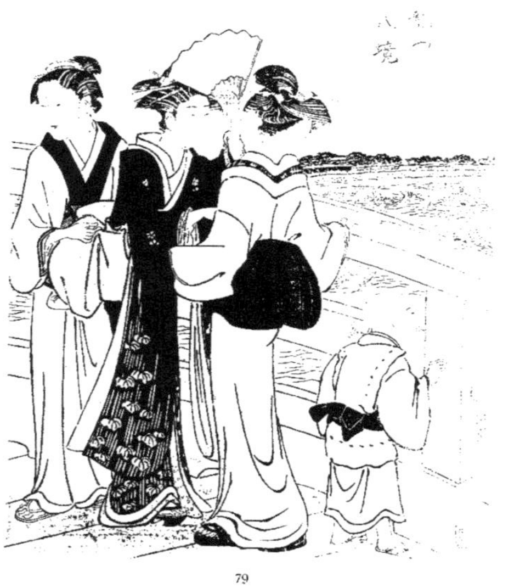

79

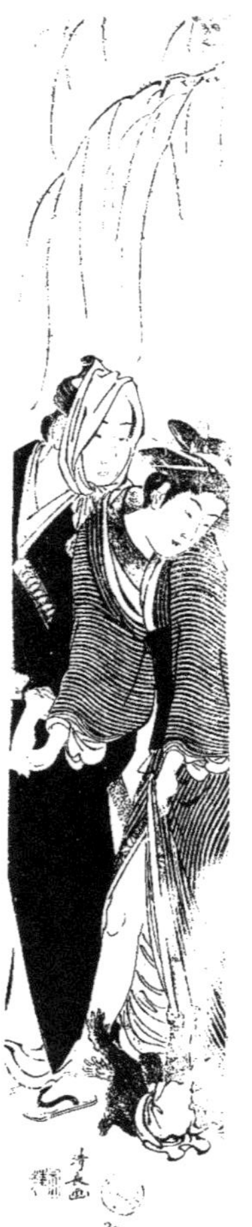

39

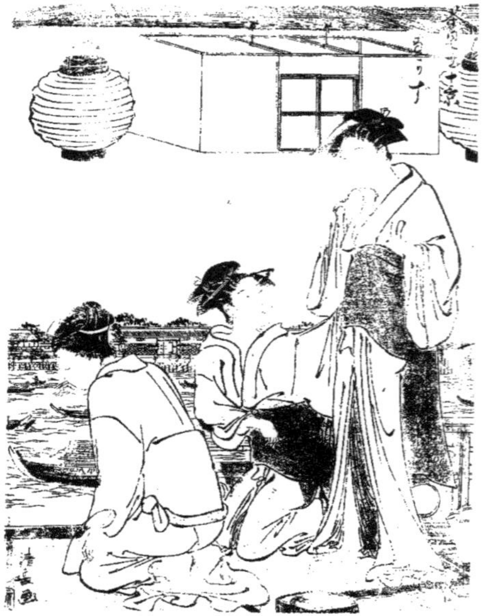

76

PL XVIII

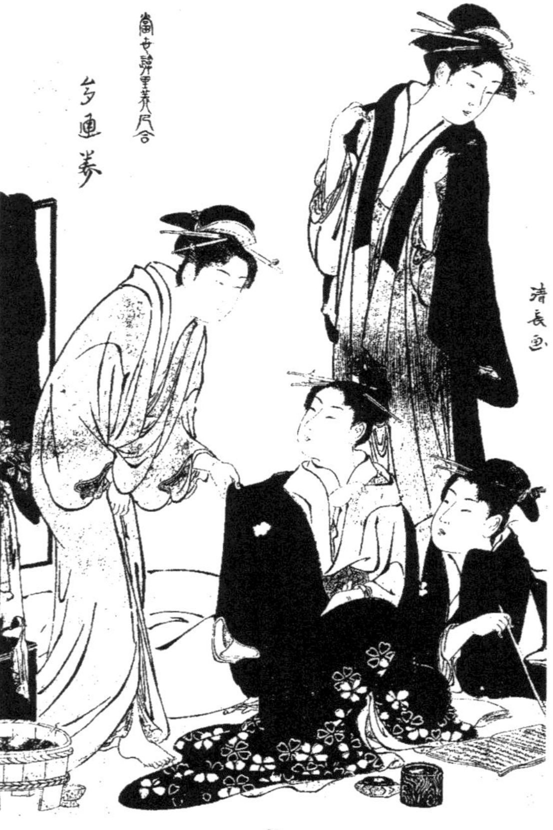

86

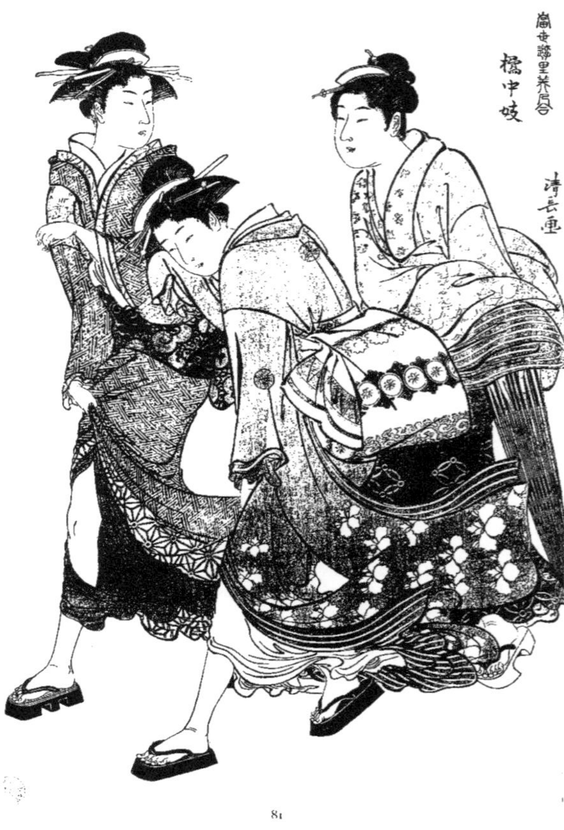

81

PL. XIX

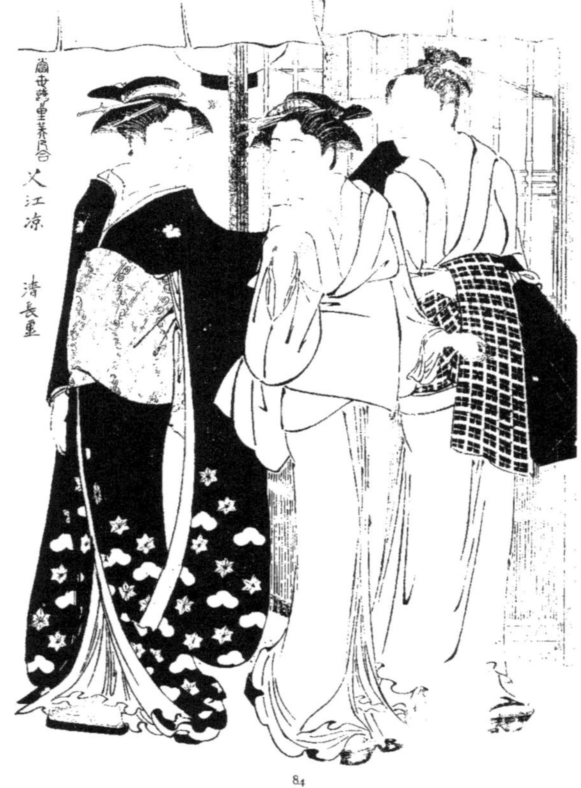

84

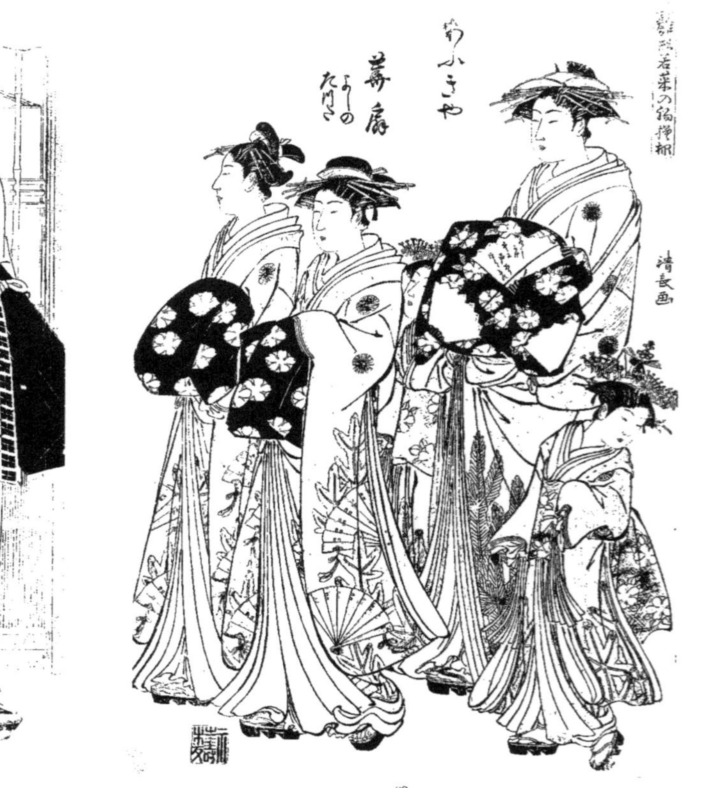

90

PL. XX

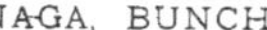

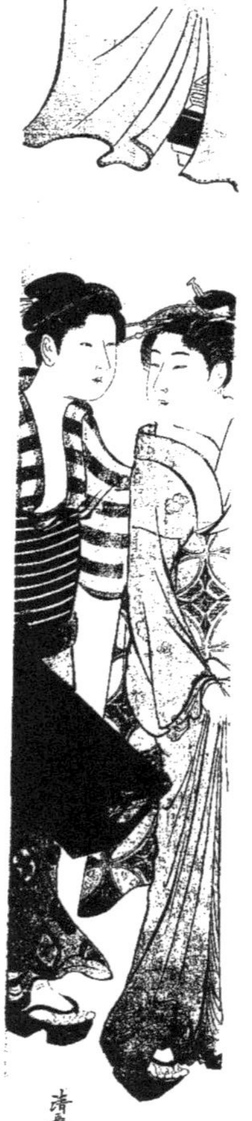

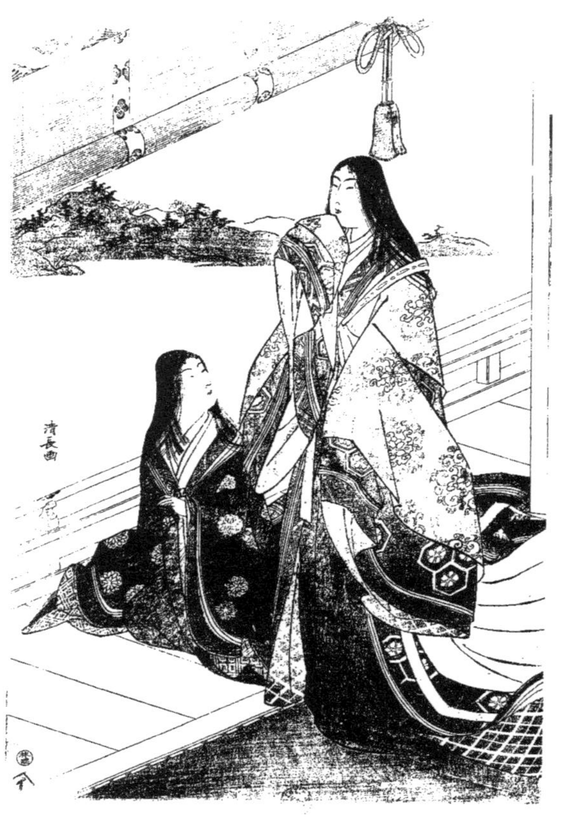

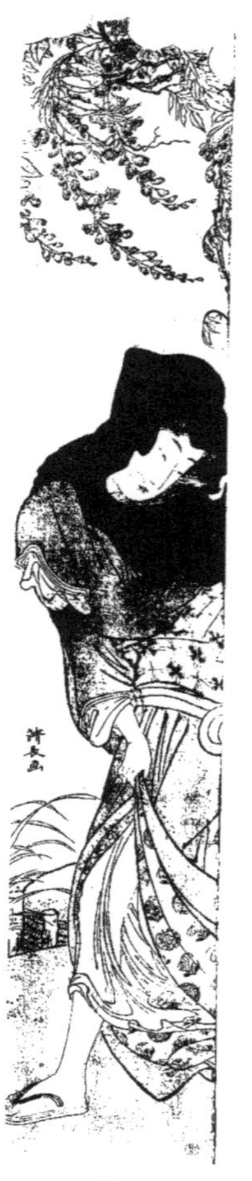

PL. XXI

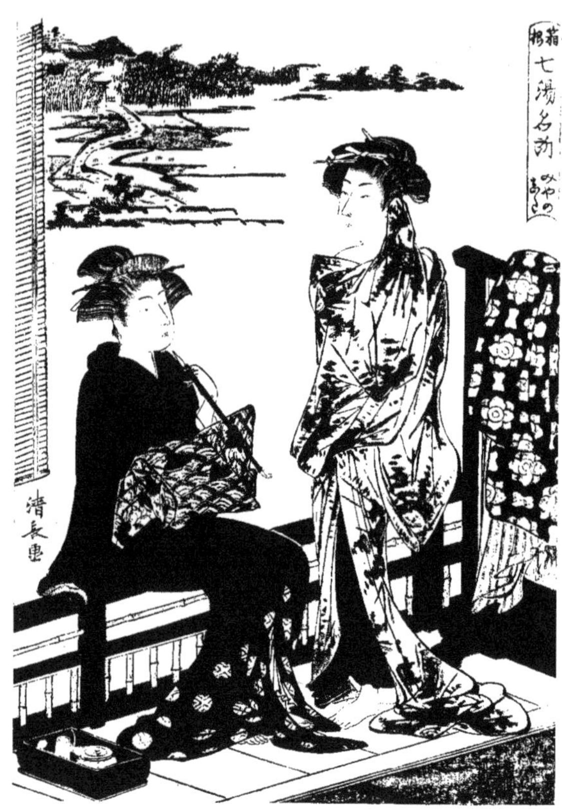
箱根七湯名所
みやのした
清長画

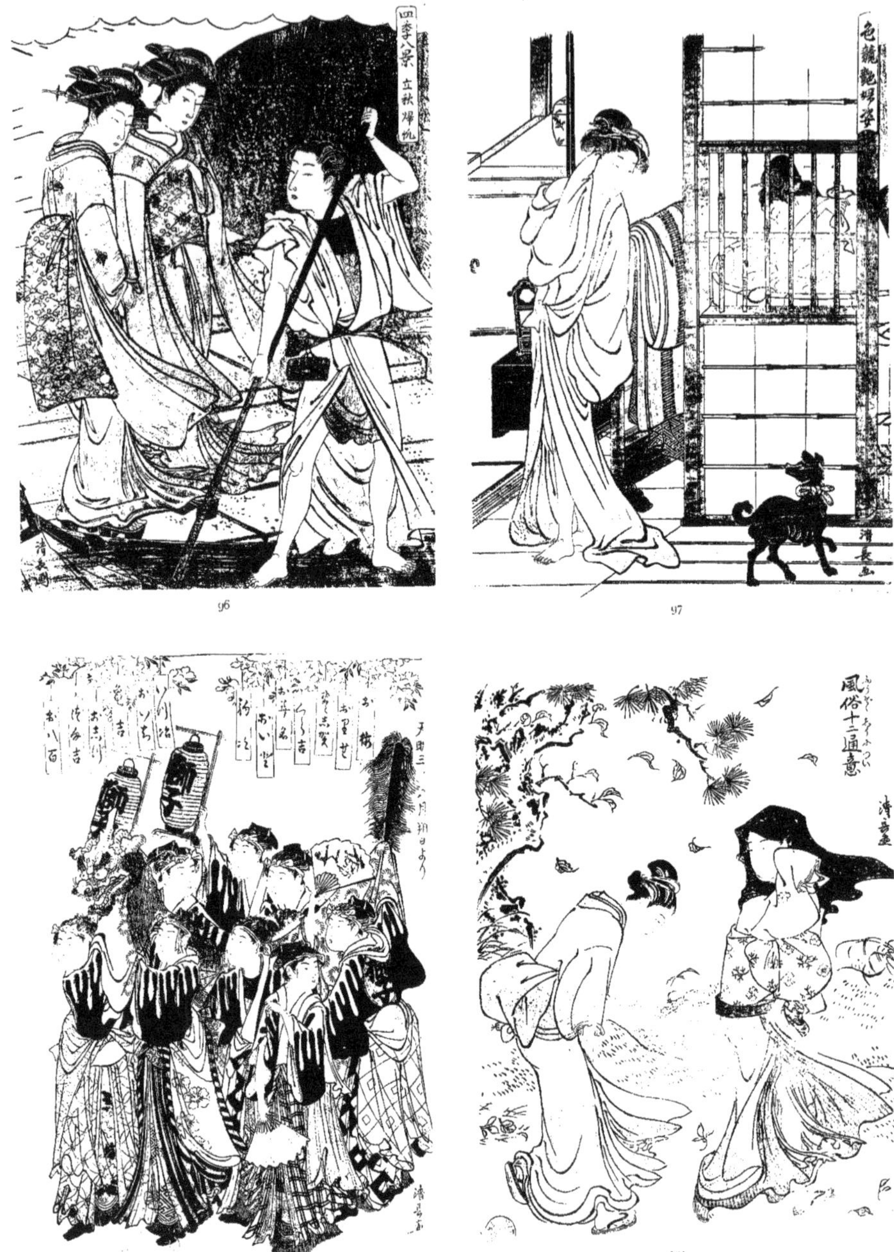

96

97

126

101

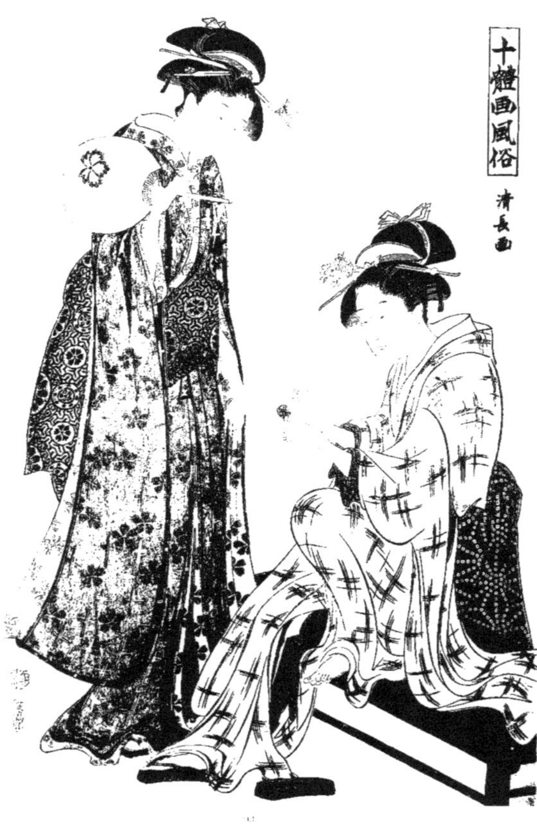

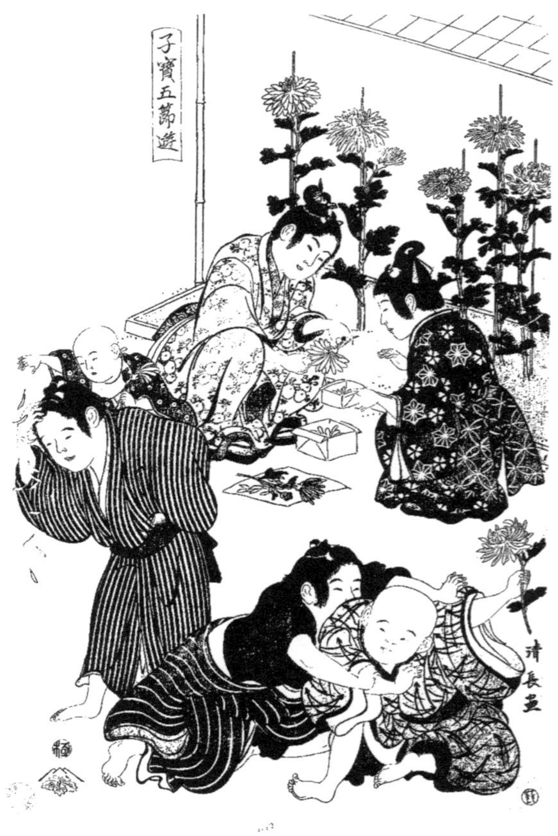

PL. XXIV

PL. XXV

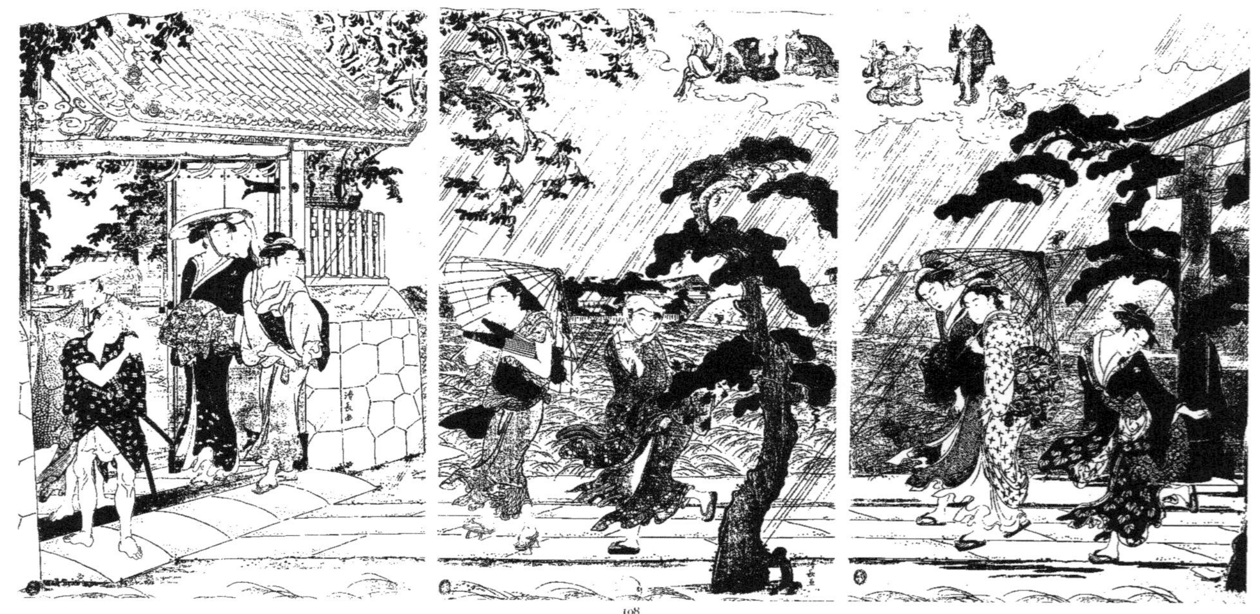

PL. XXV

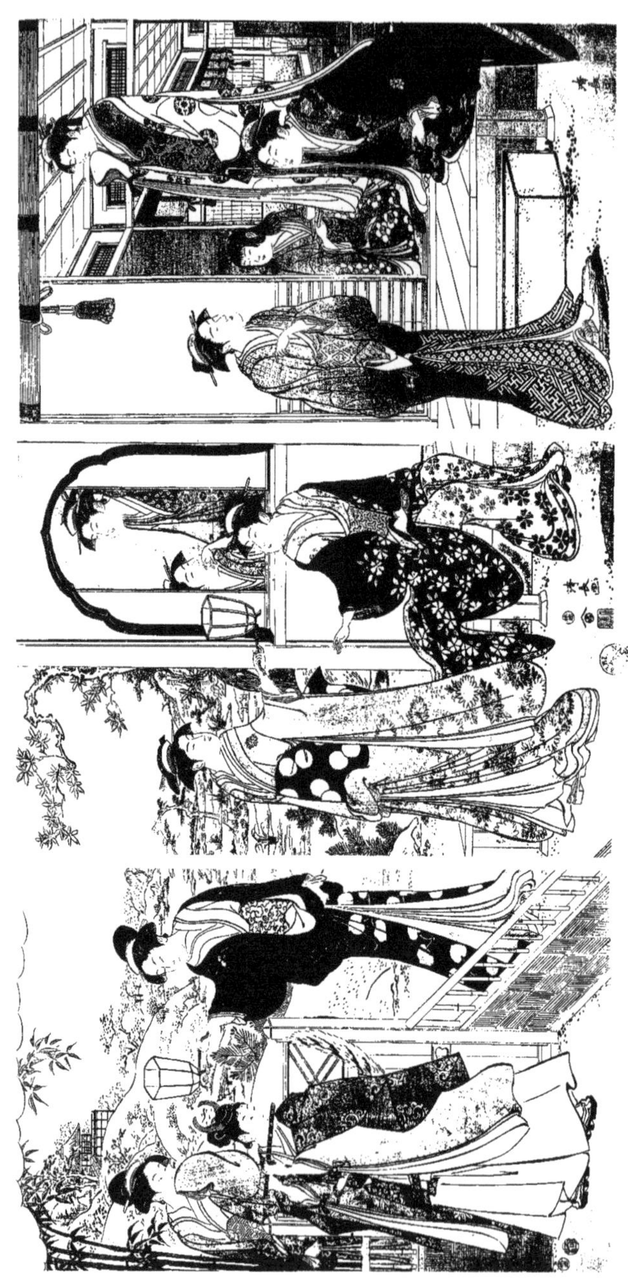

KIYONAGA, BUNCHO, SHARAKU

PL. XXVI

KIYONAGA BUNCHO SHARAKU

Pl. XXVII

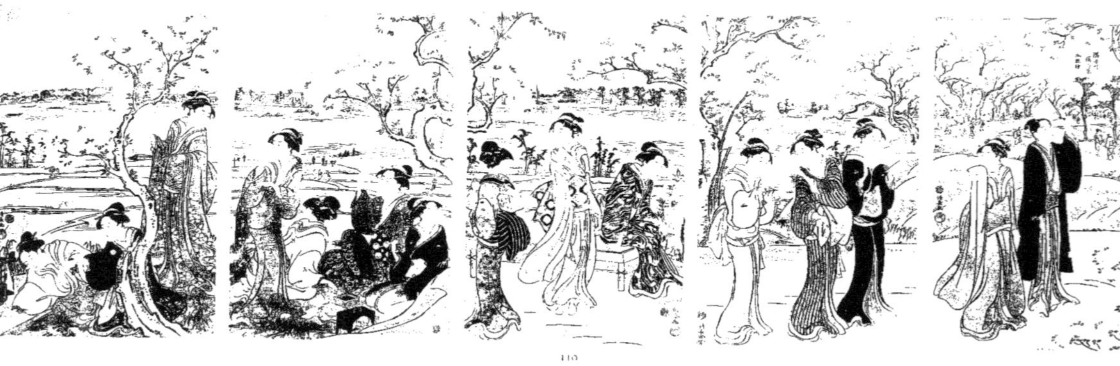

110

PL. XXVII

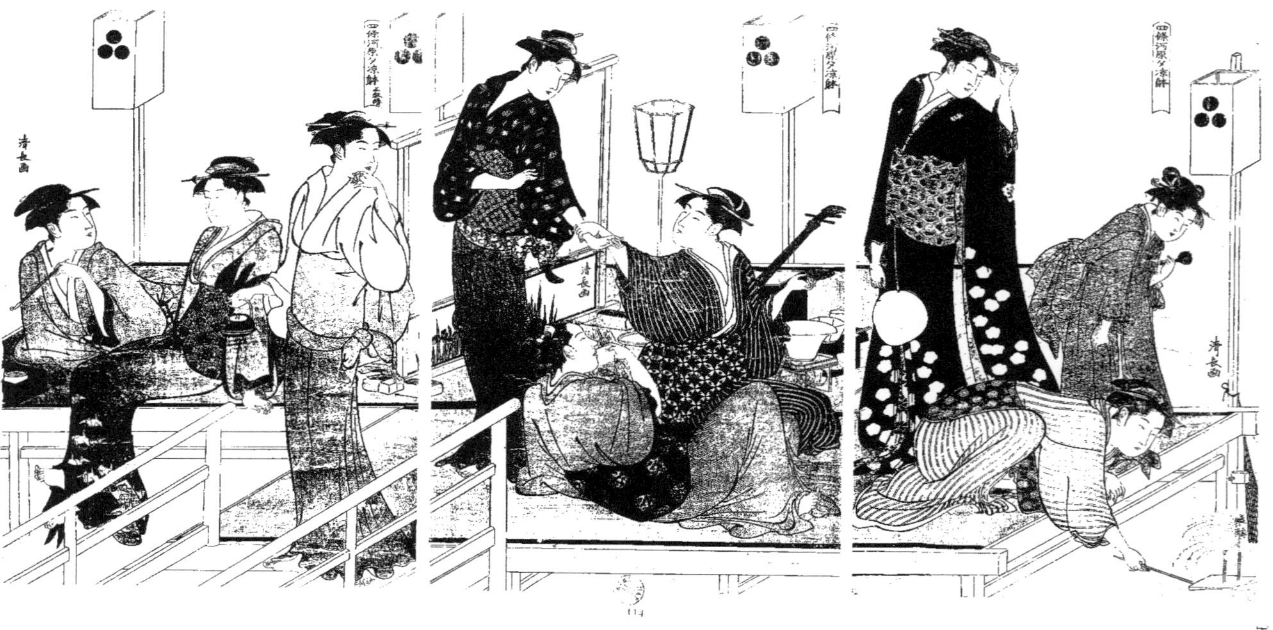

PL. XXVIII

KIYONAGA BUNCHO SHARAKU

PL. XXIX

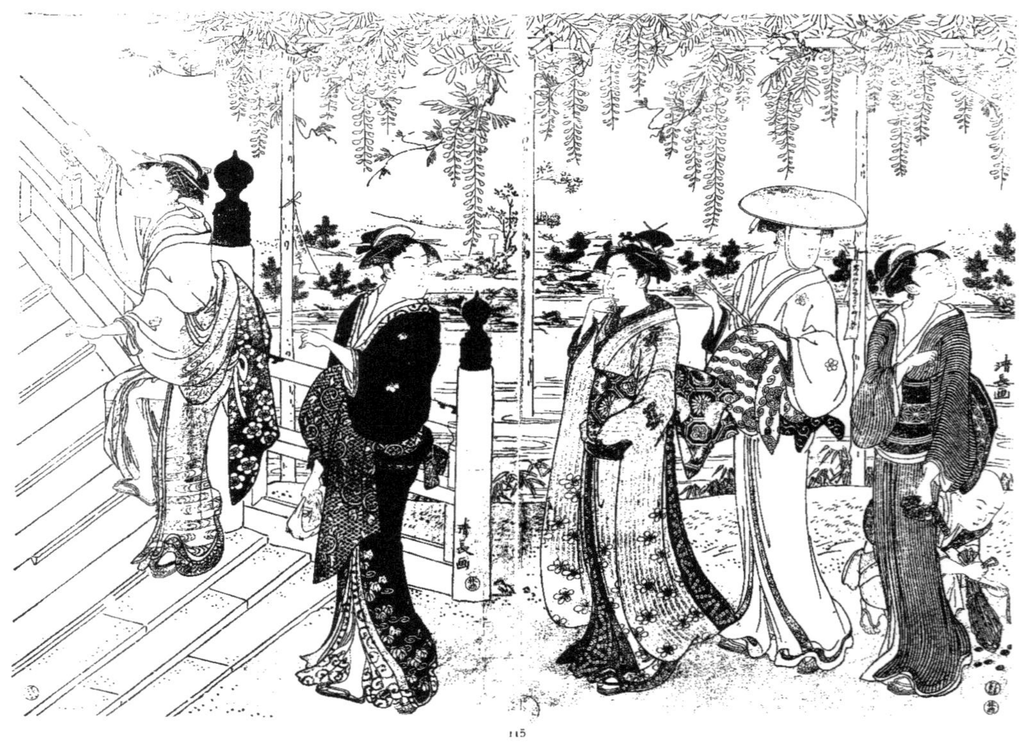

115

PL. XXIX

KIYONAGA. BUNCHO. SHARAKU

PL. XXX

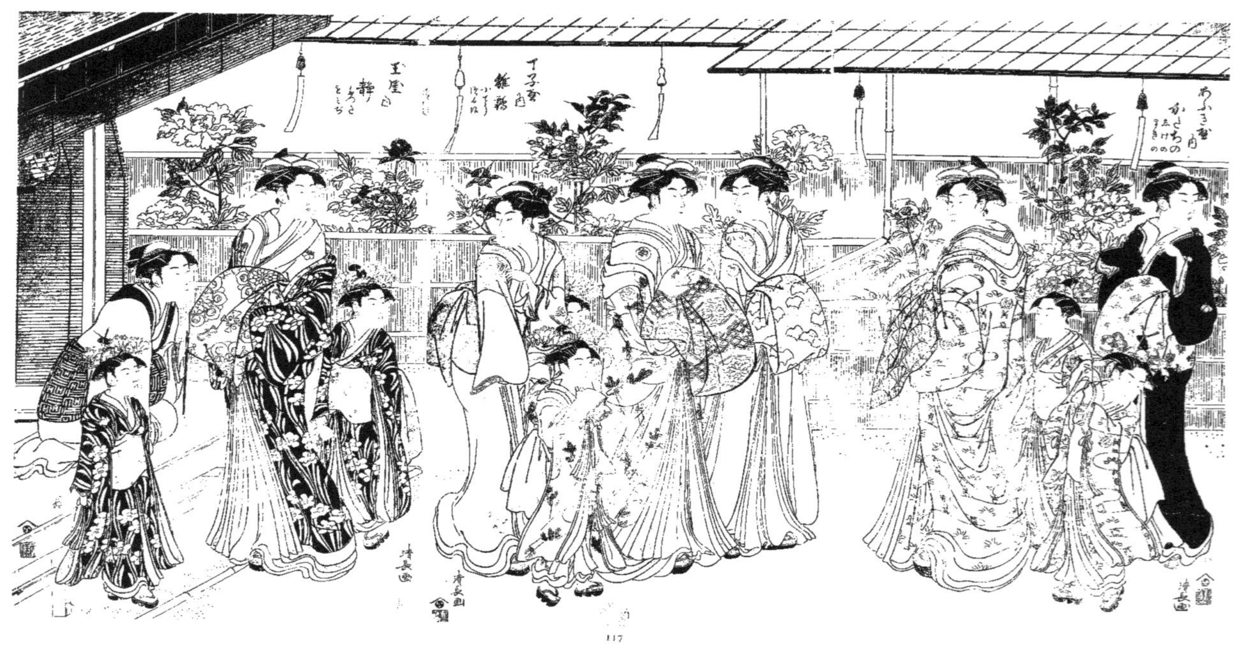

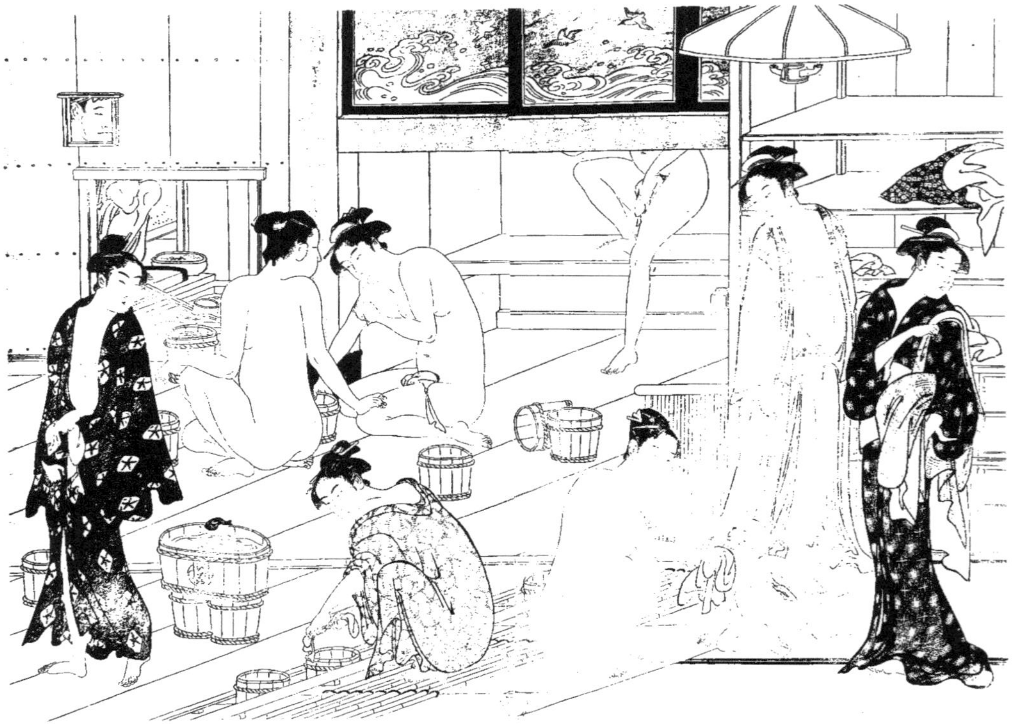

118

PL. XXXI

KIYONAGA, BUNCHO, SHARAKU

PL. XXXII

PL. XXXII

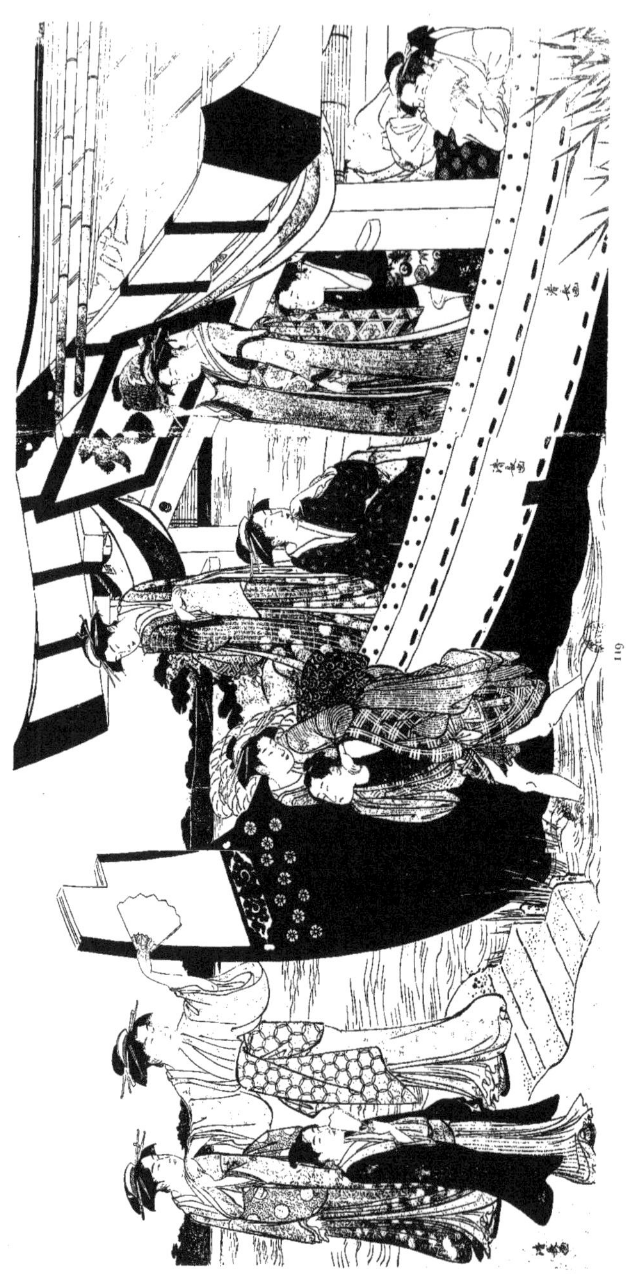

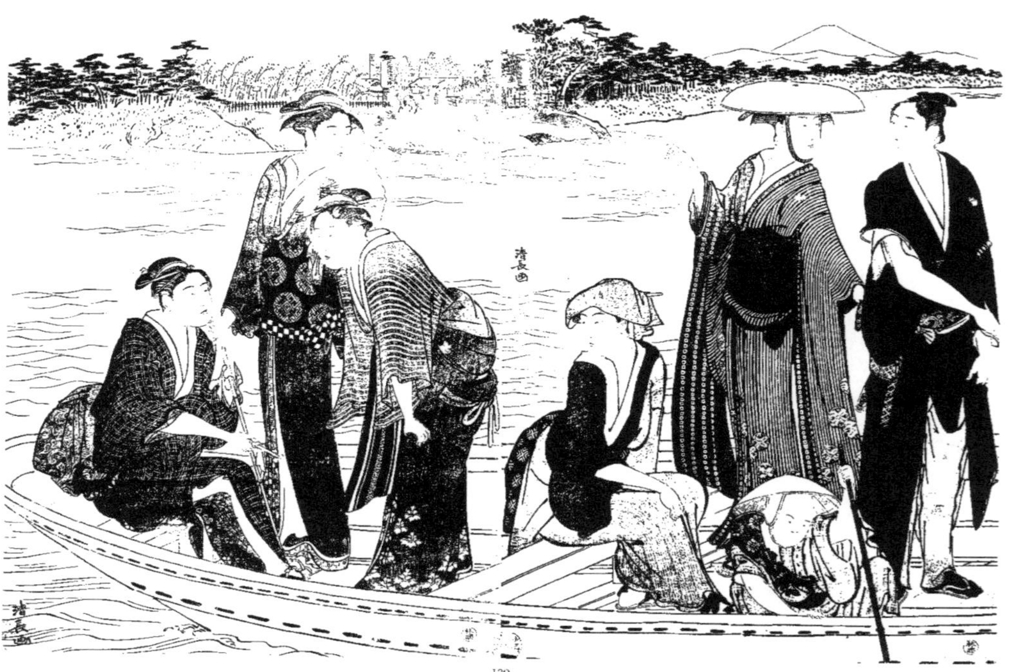

120

PL. XXXIII

KIYONAGA. BUNCHO. SHARAKU

PL. XXXIV

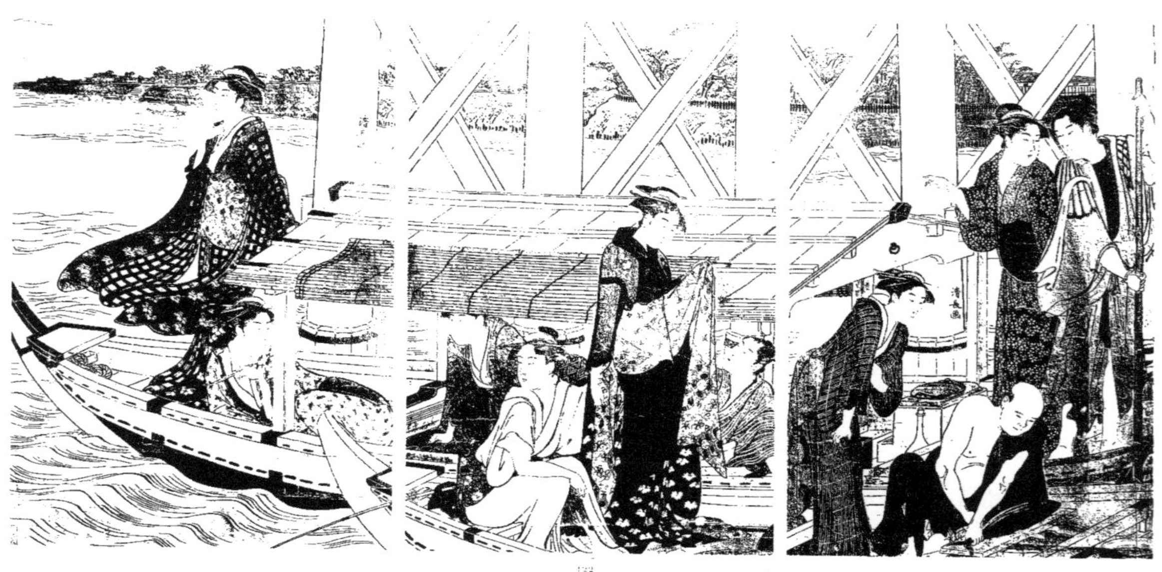

PL. XXXIV

123

PL. XXXV

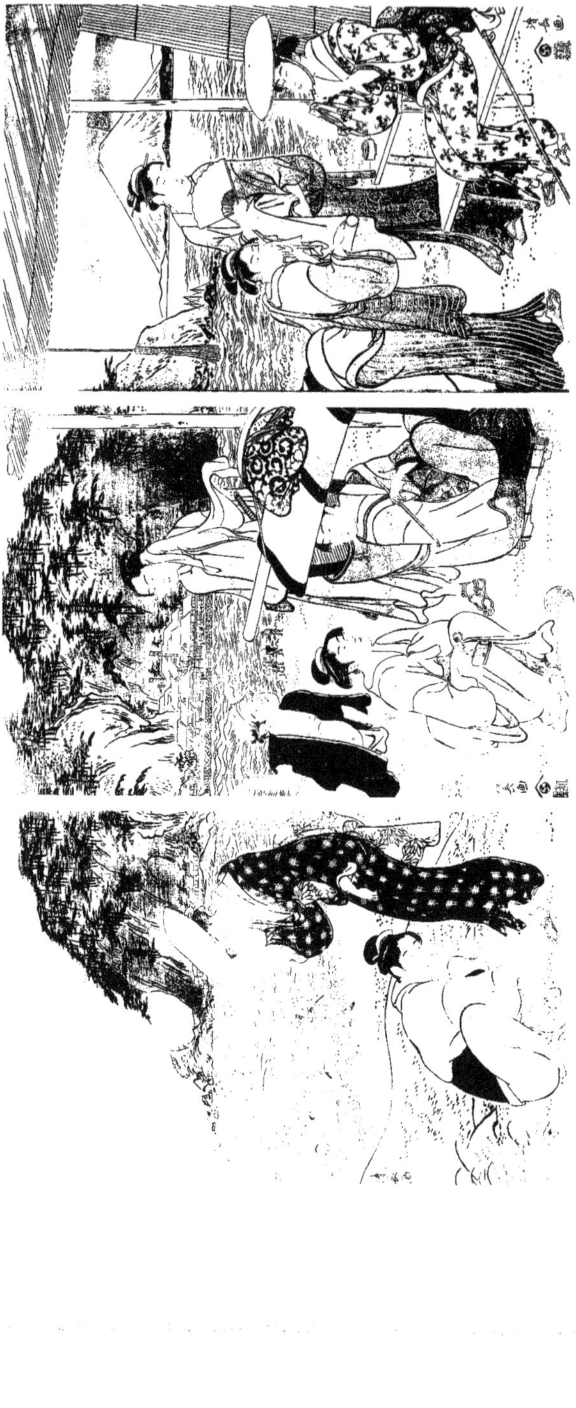

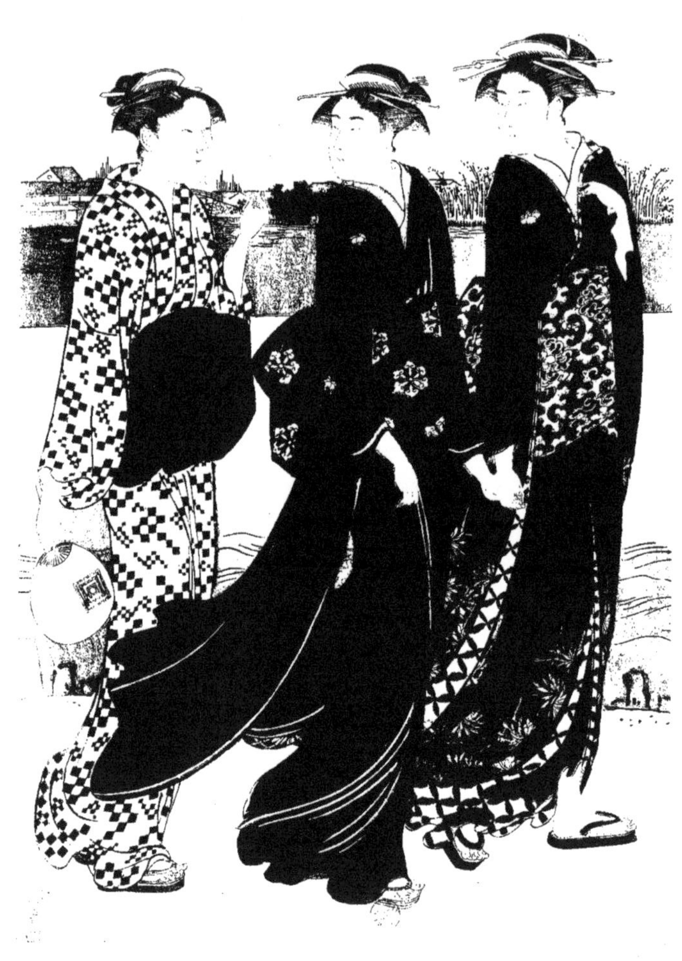

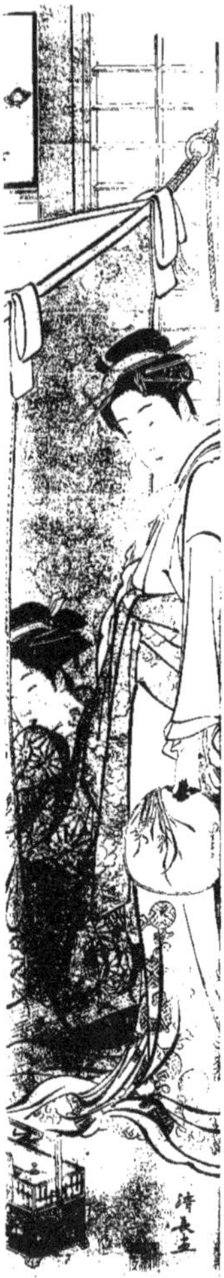

125

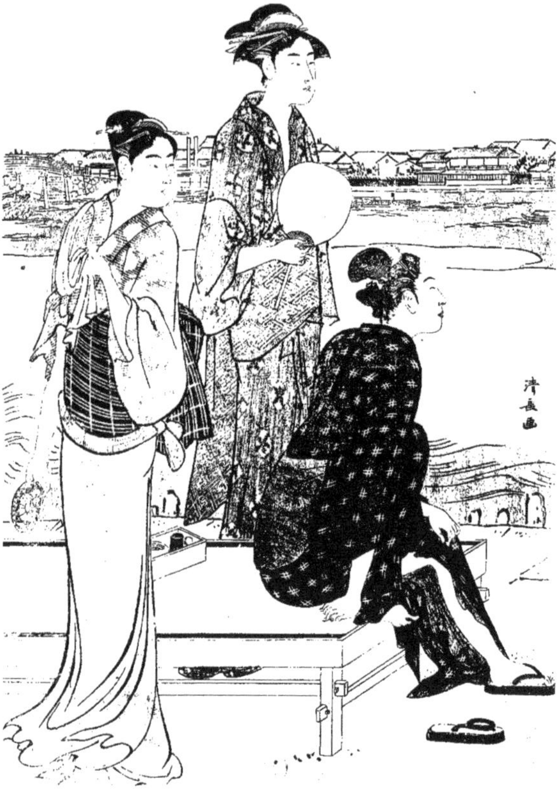

49

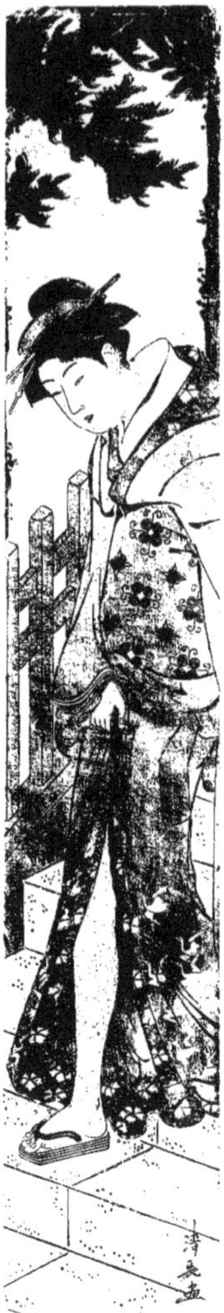

48

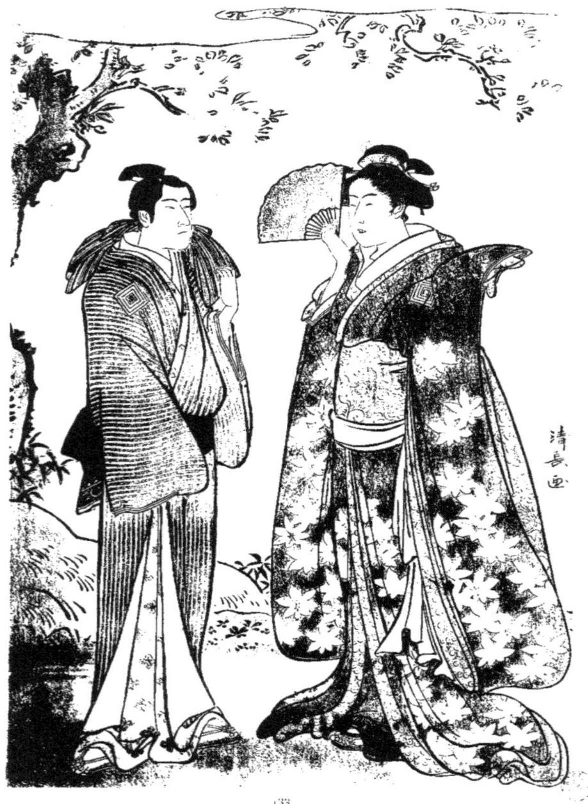

133

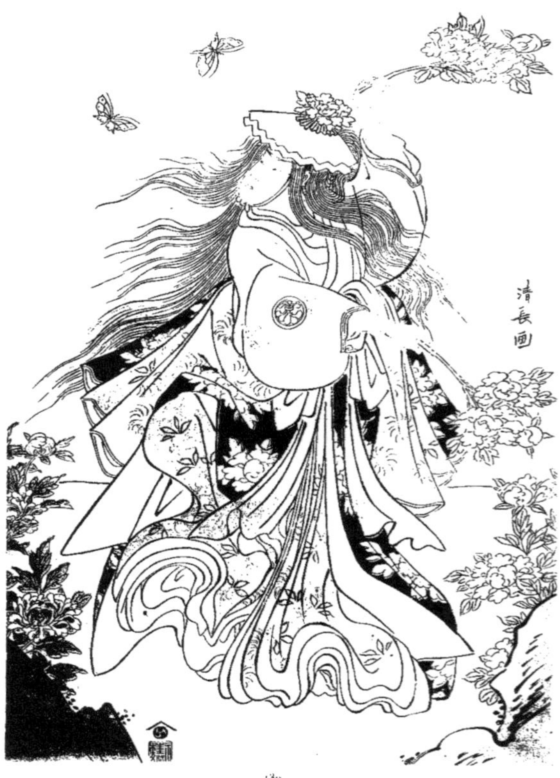

136

PL. XXXVIII

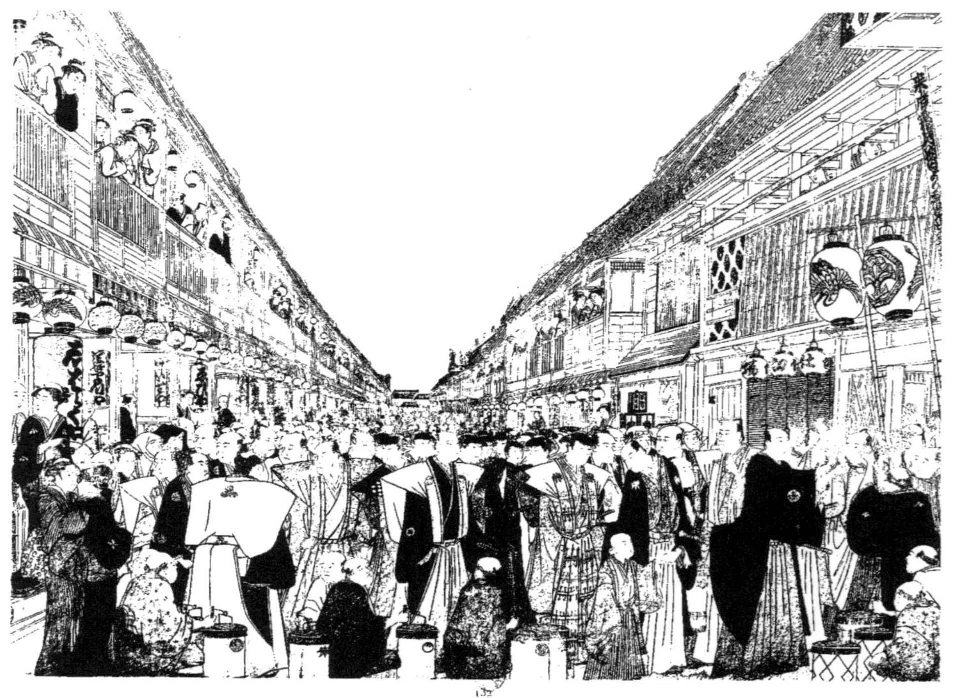

PL. XXXIX

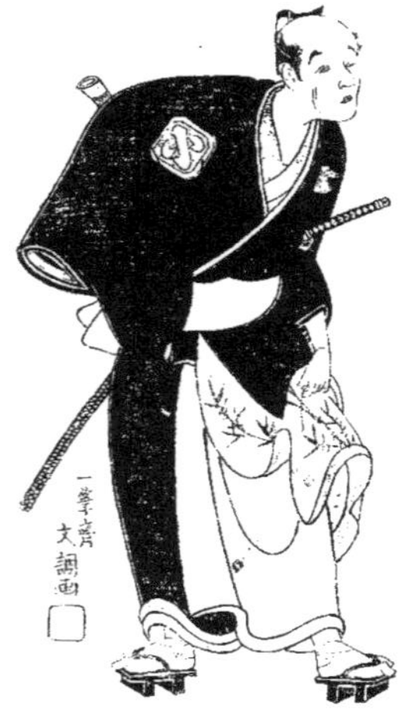

143

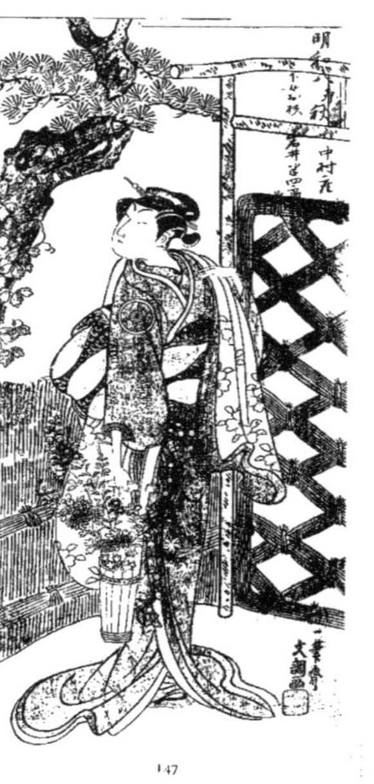

147

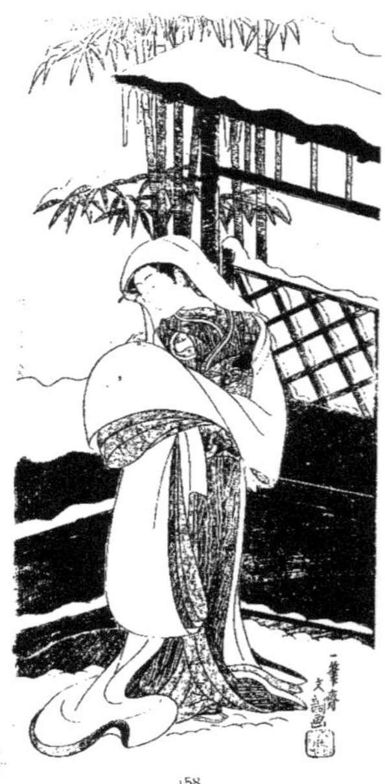

158

157

PL. XL

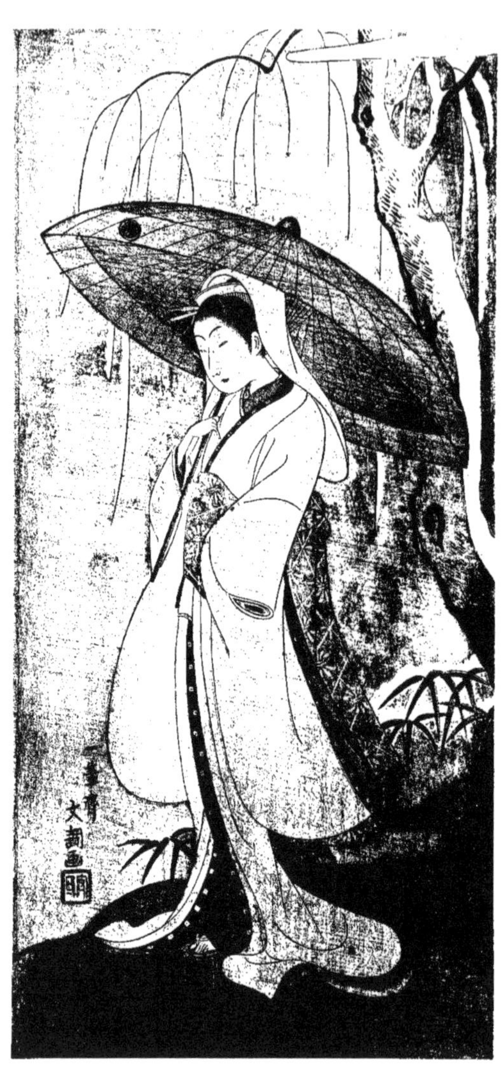

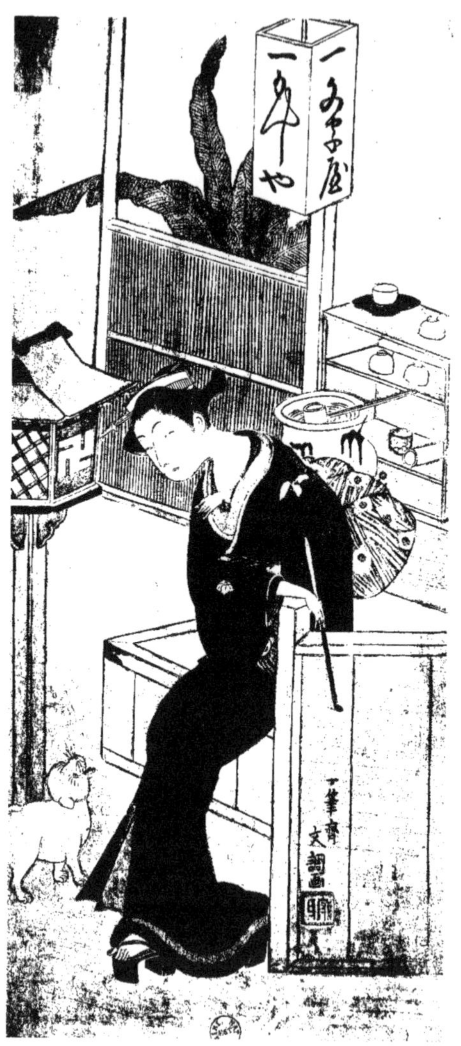

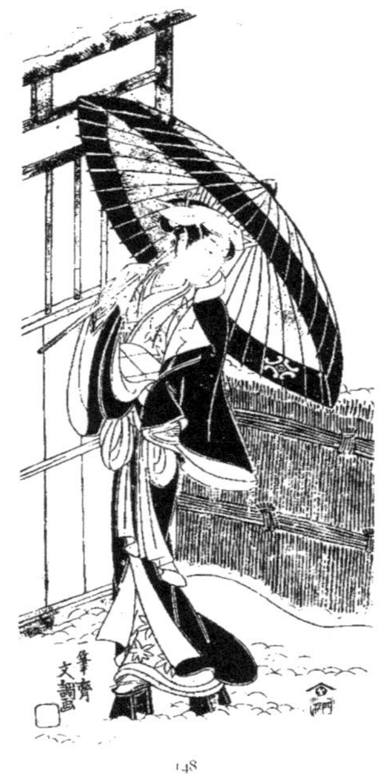

148

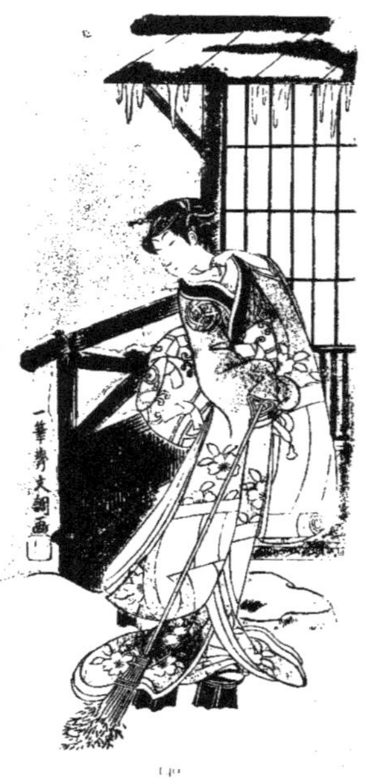

149

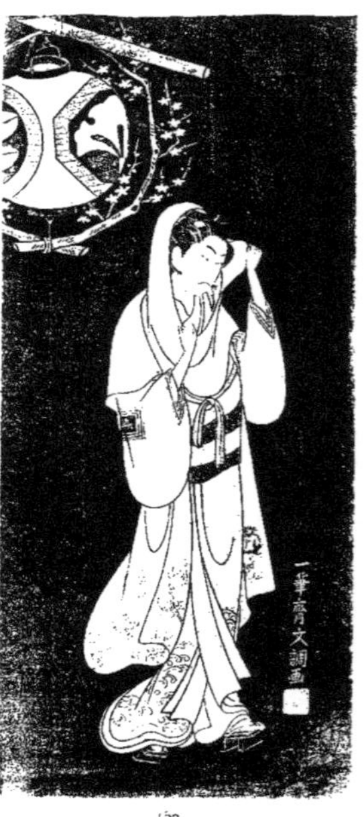

152

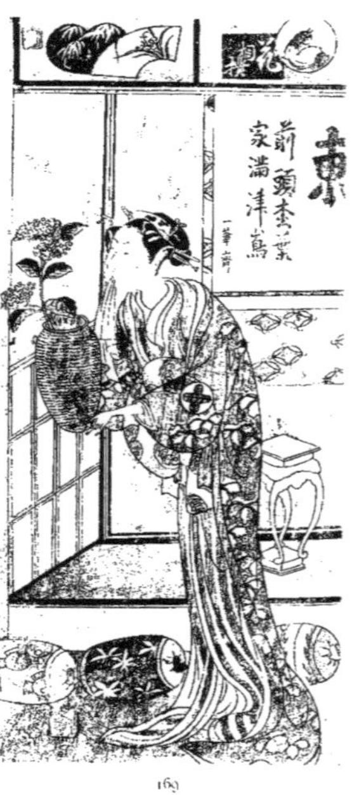

169

PL. XLIII

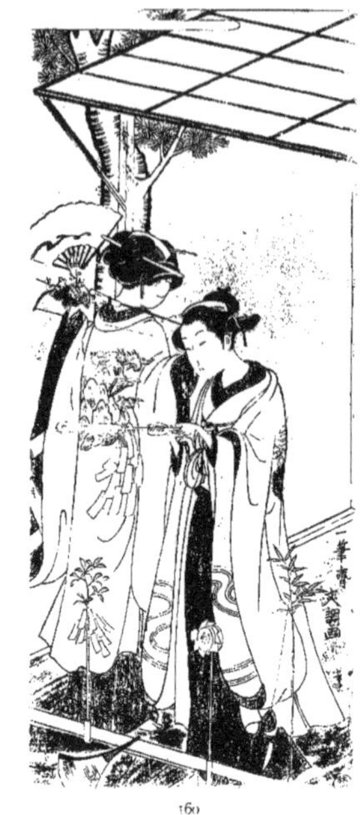

160

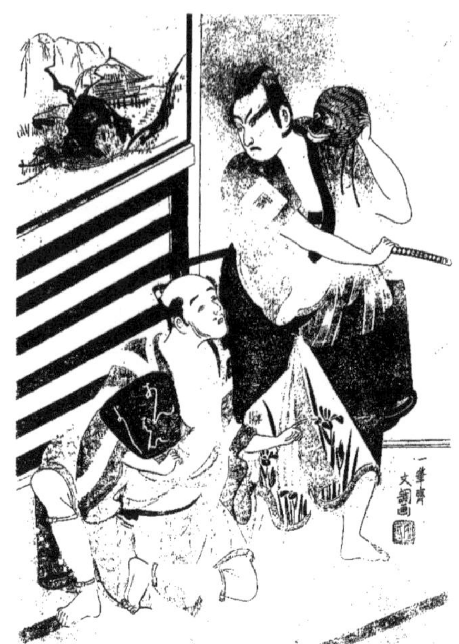

172

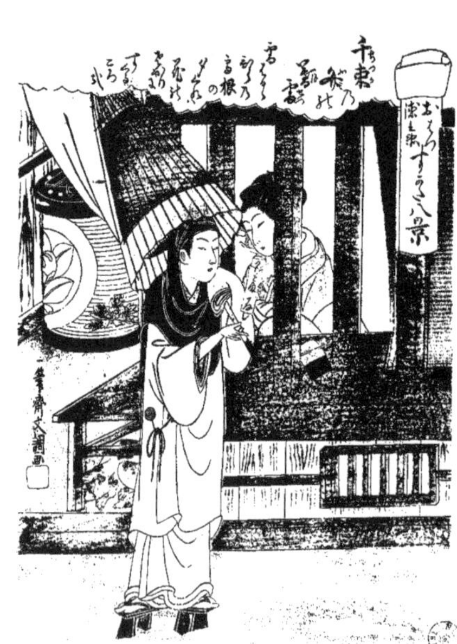

170

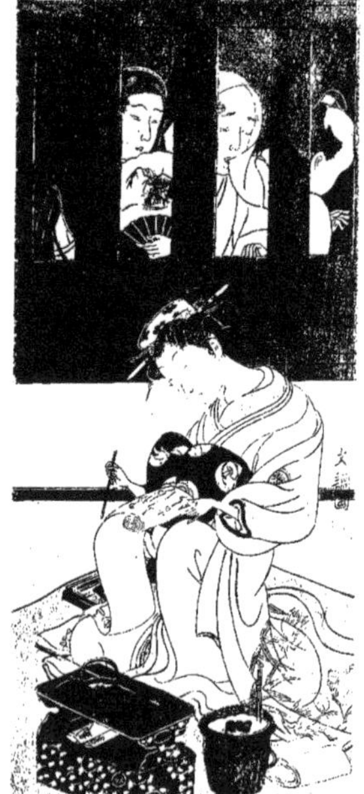

168

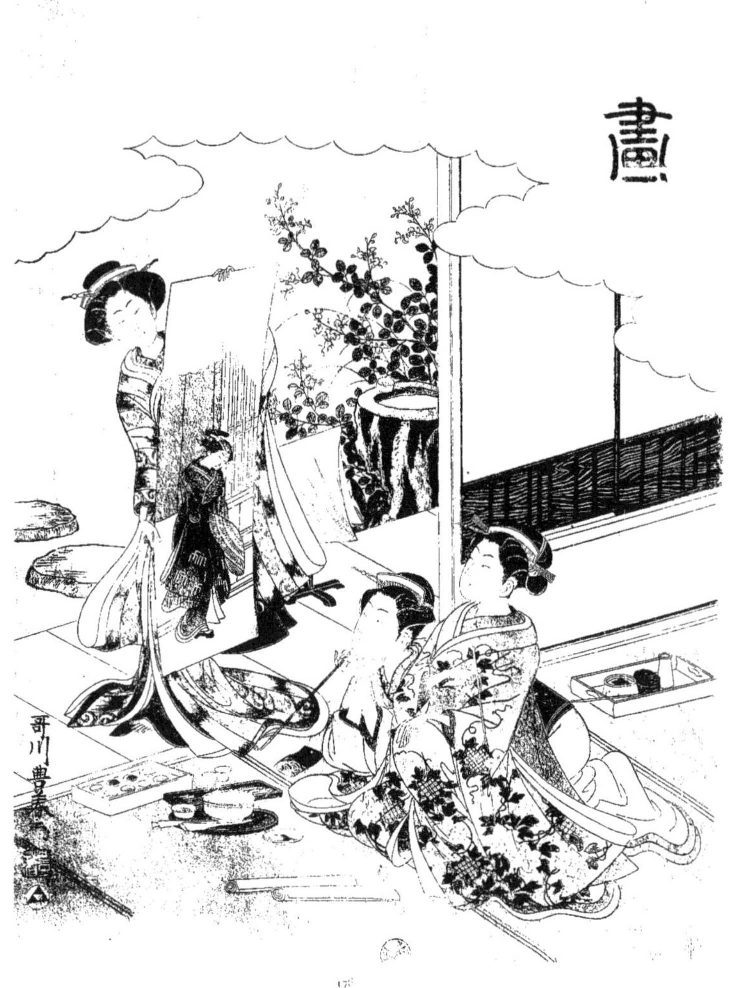
畫

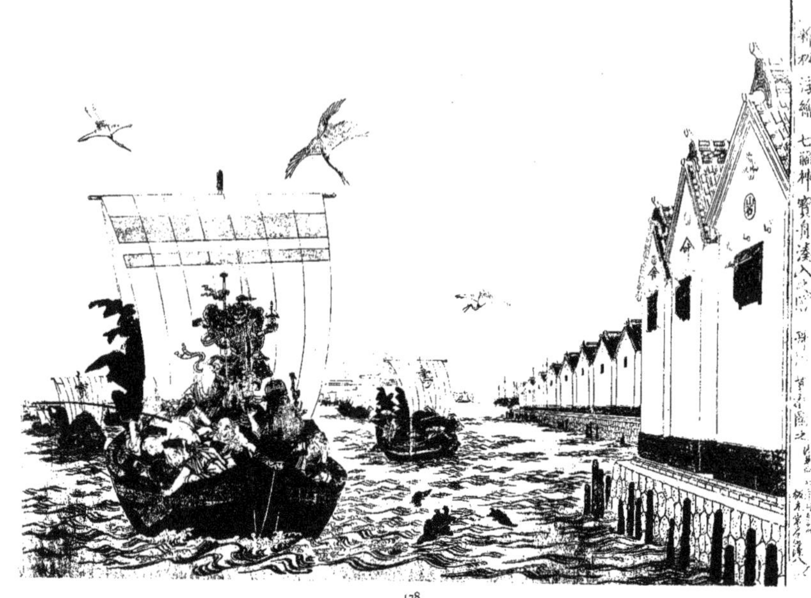

178

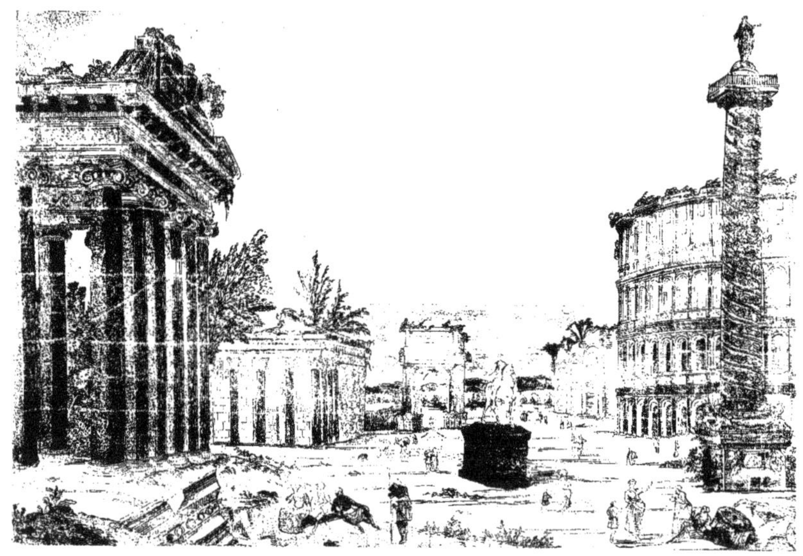

183

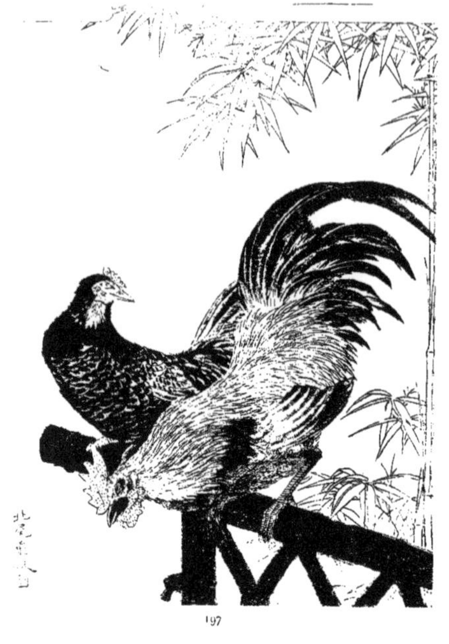

197

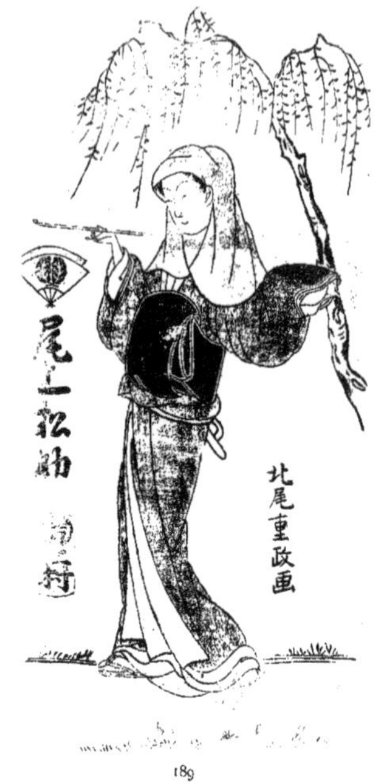

189

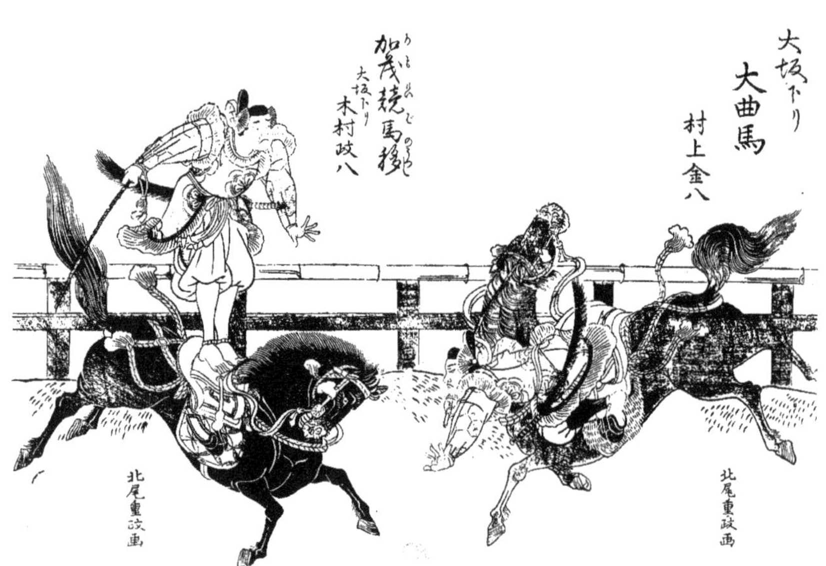

199

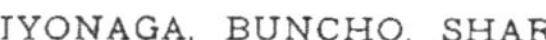

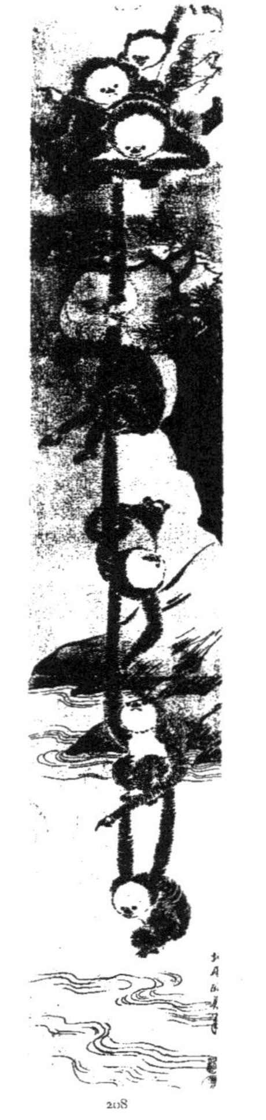

208

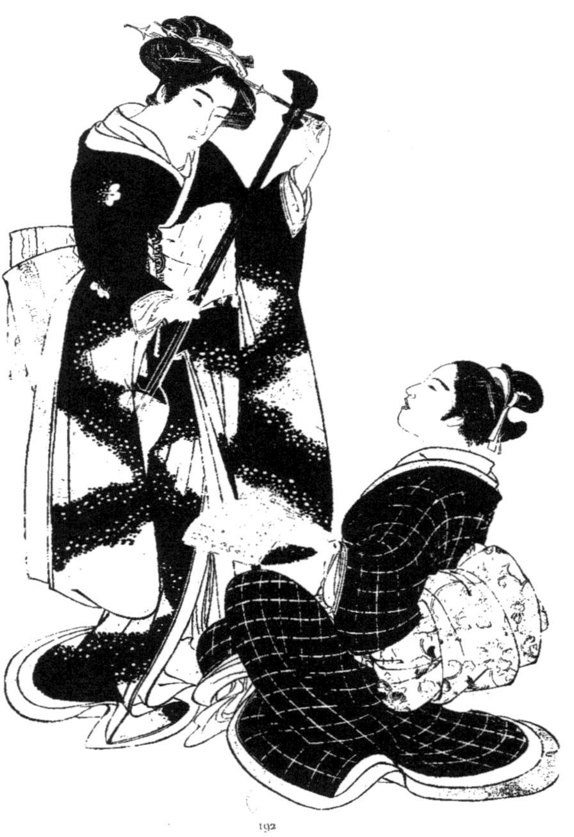

192

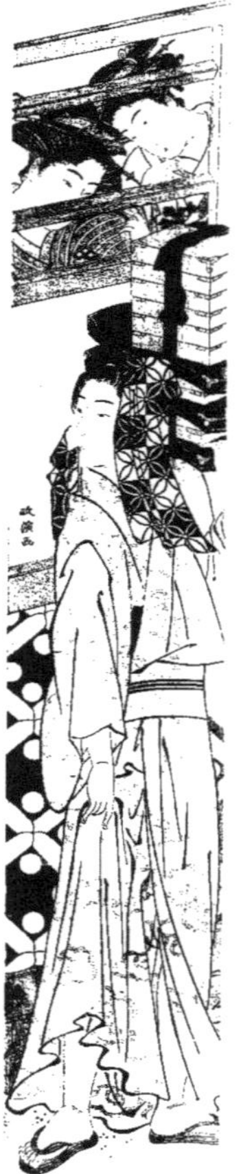

200

PL. XLVIII

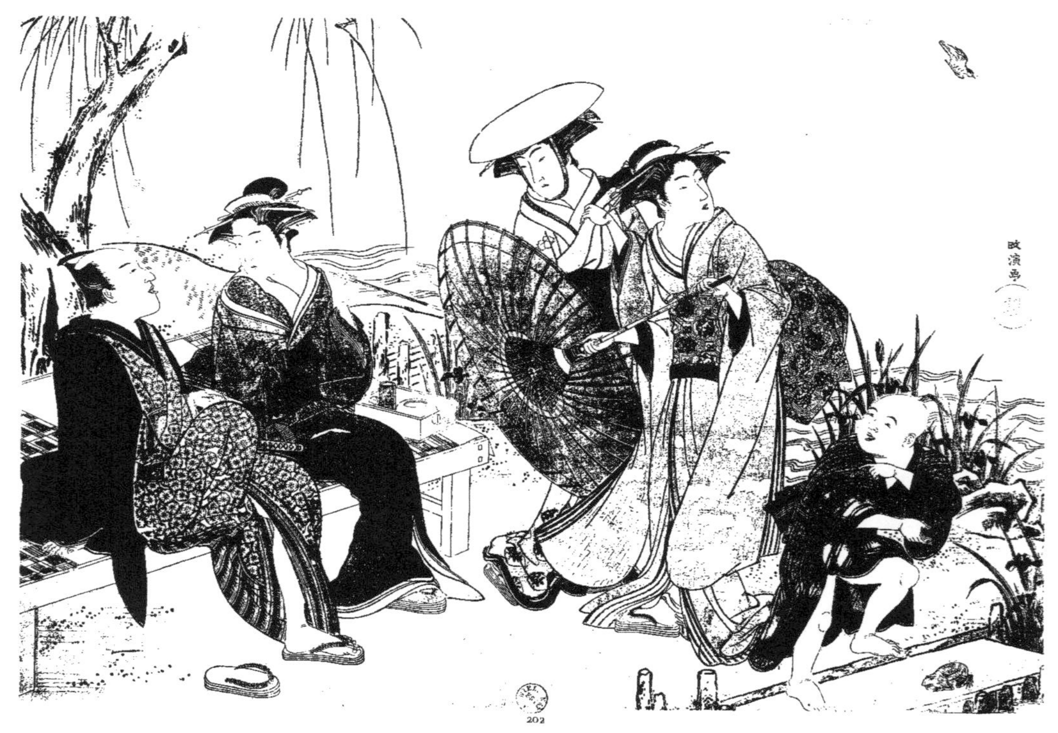

PL. XLIX

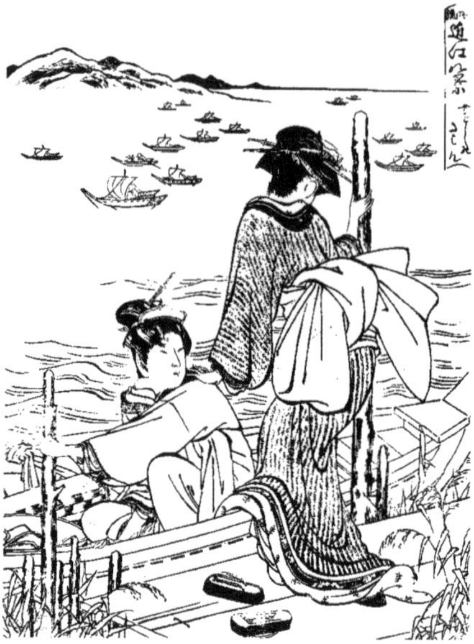

215

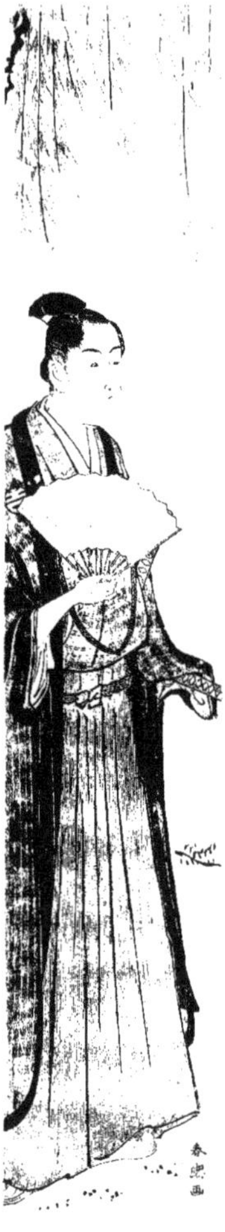

217

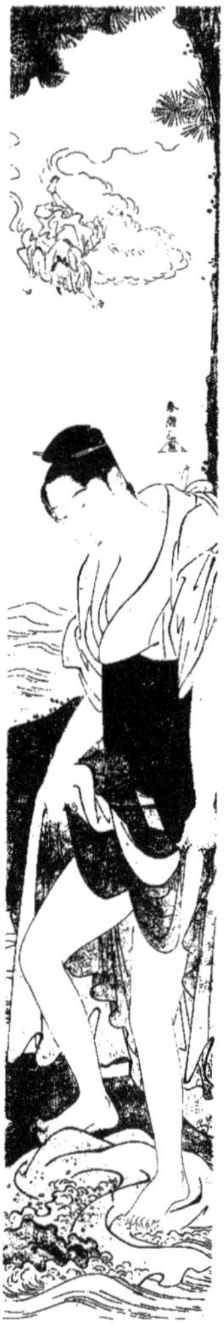

216

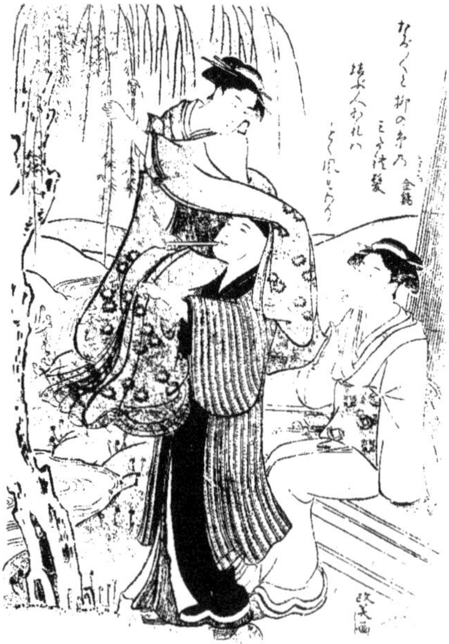

214

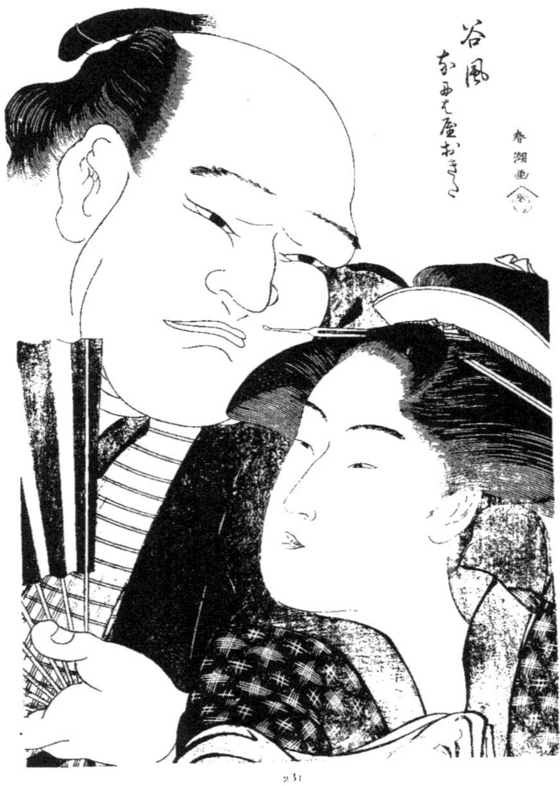

231

春湖画

227

PL. LI

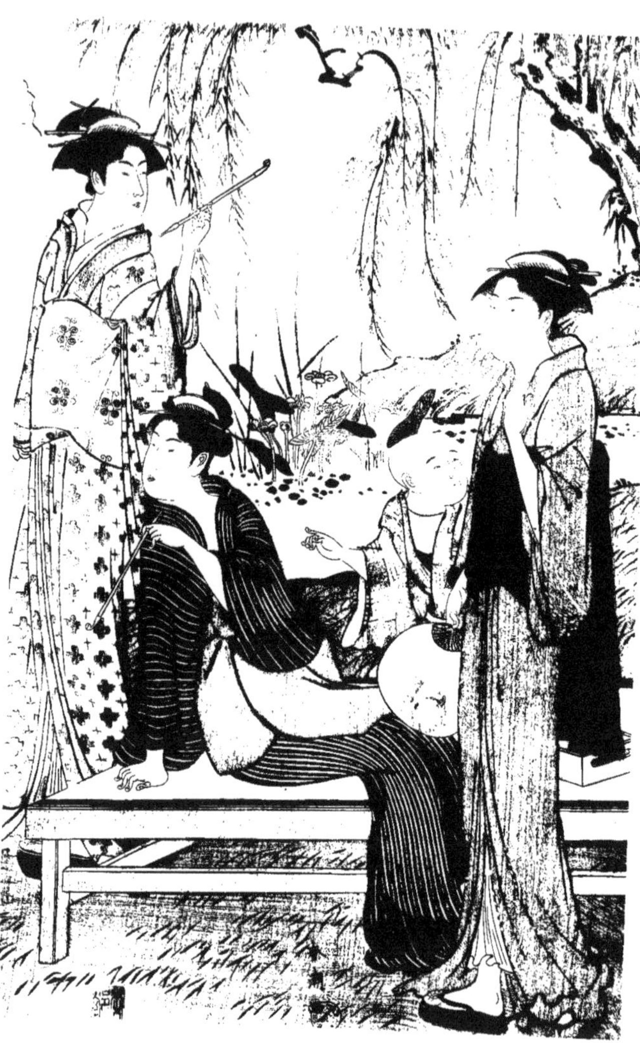

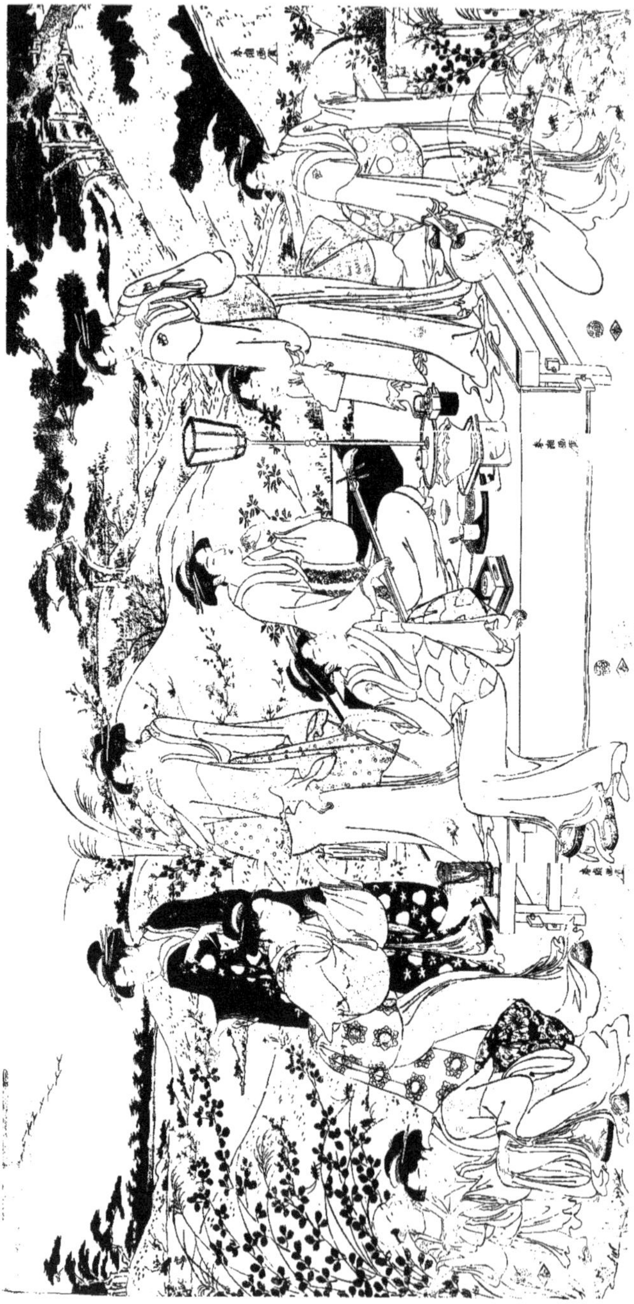

240

PL. LIII

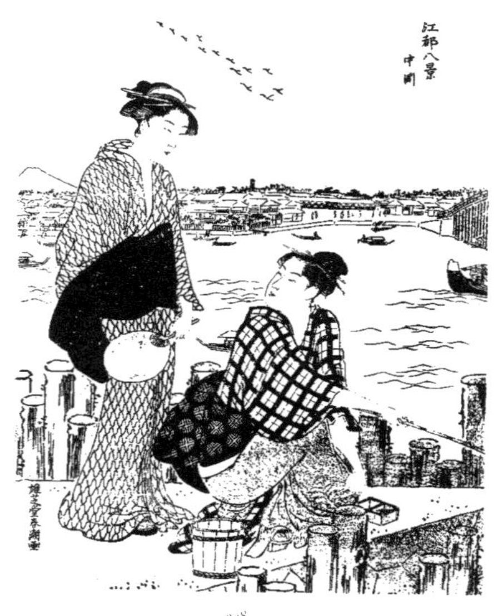

248

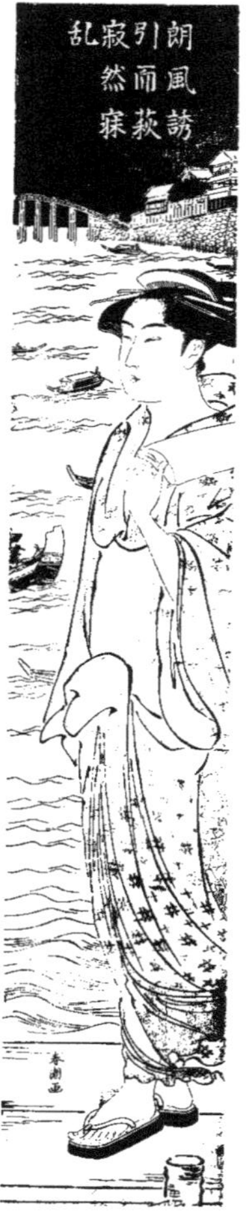

215

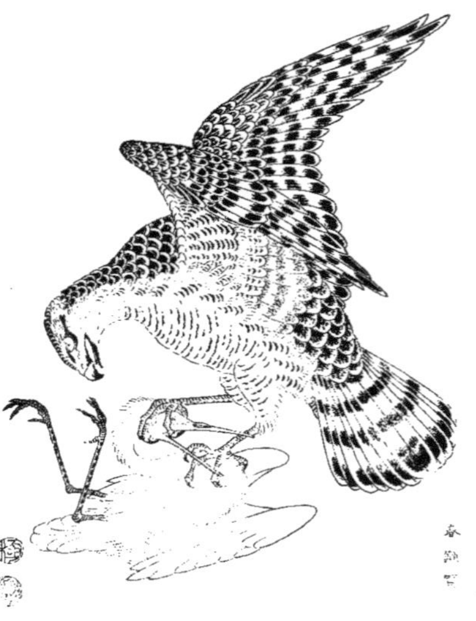

244

PL. LIV

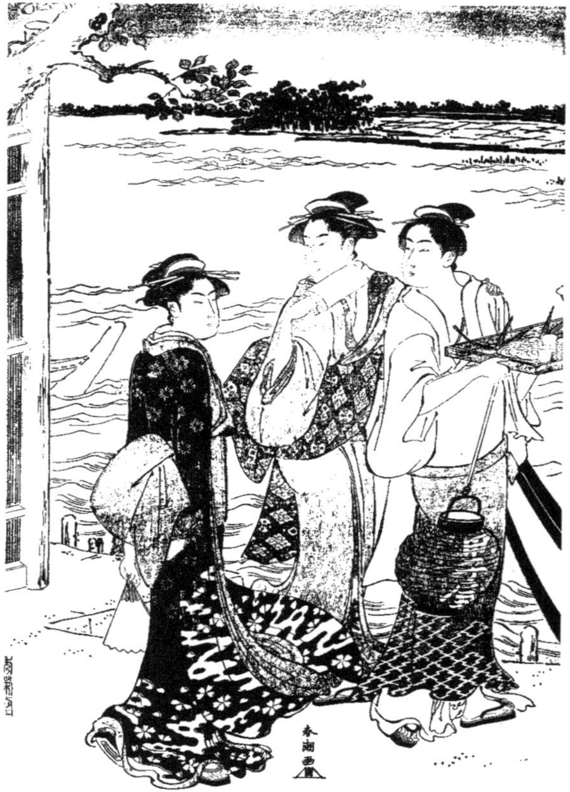

242 bis

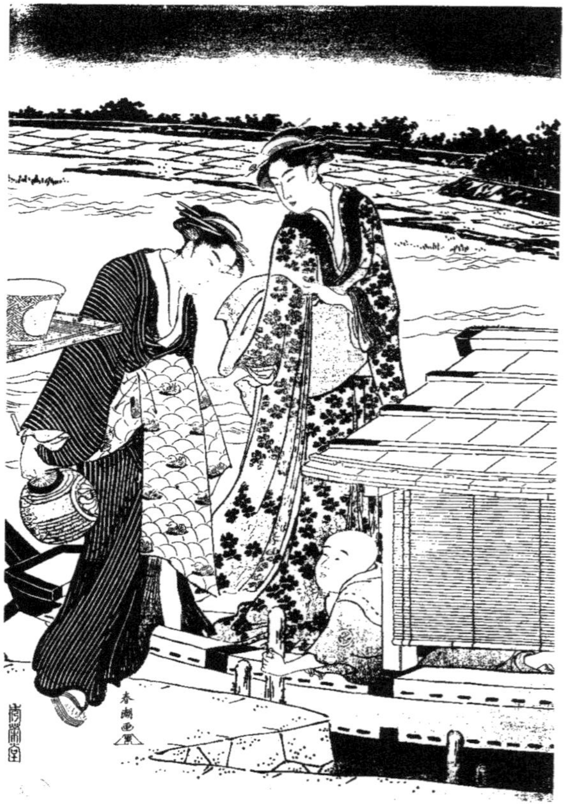

242

PL. LV

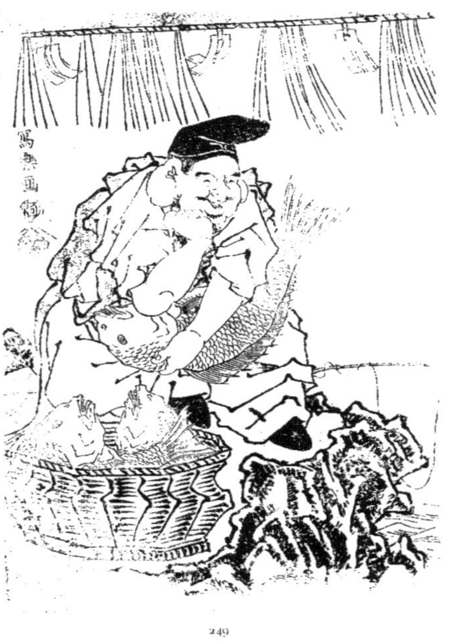

249

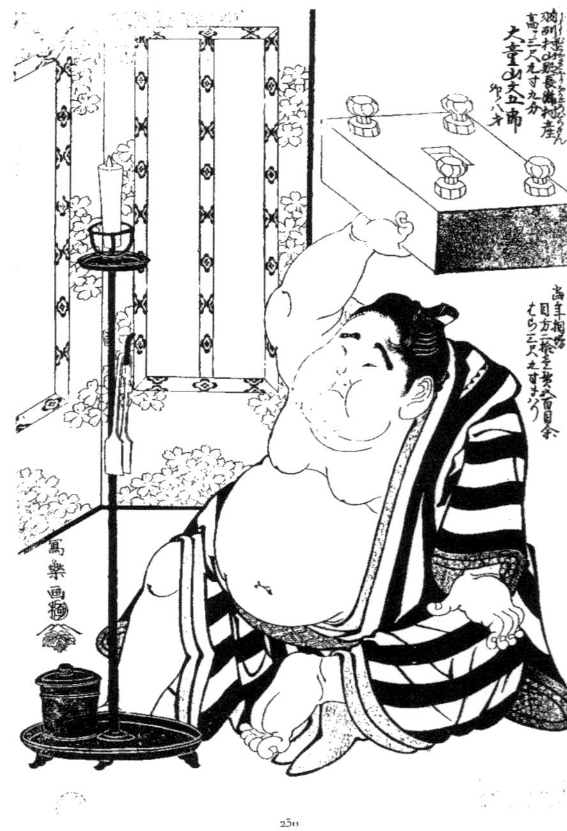

250

PL. LVI

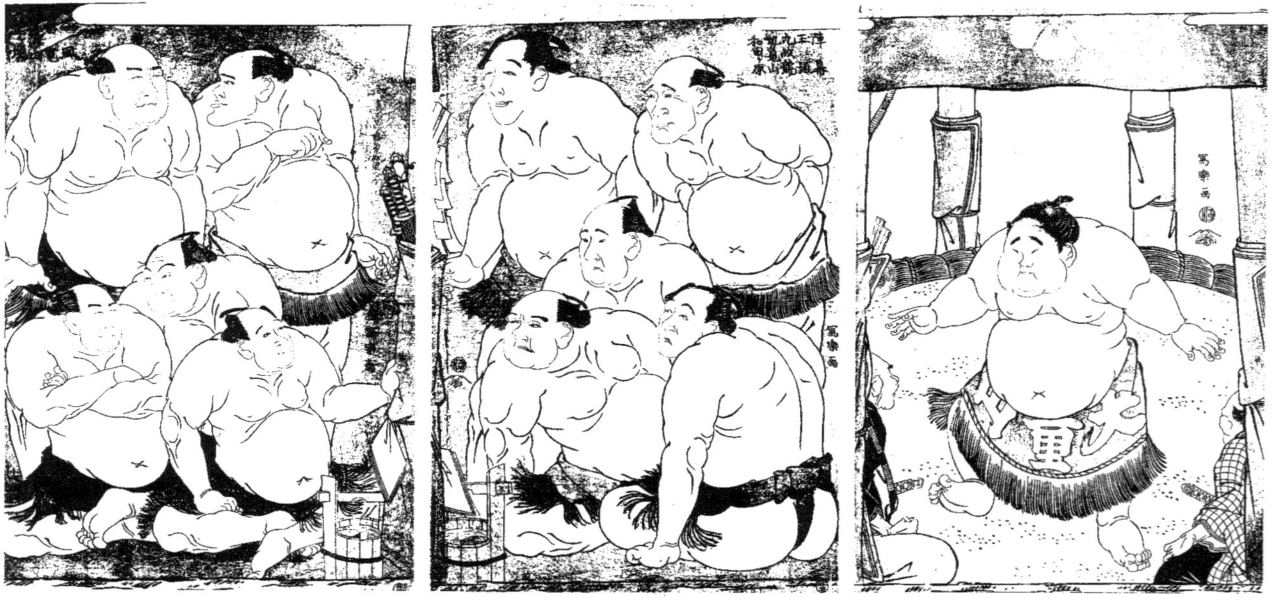

PL. LVII

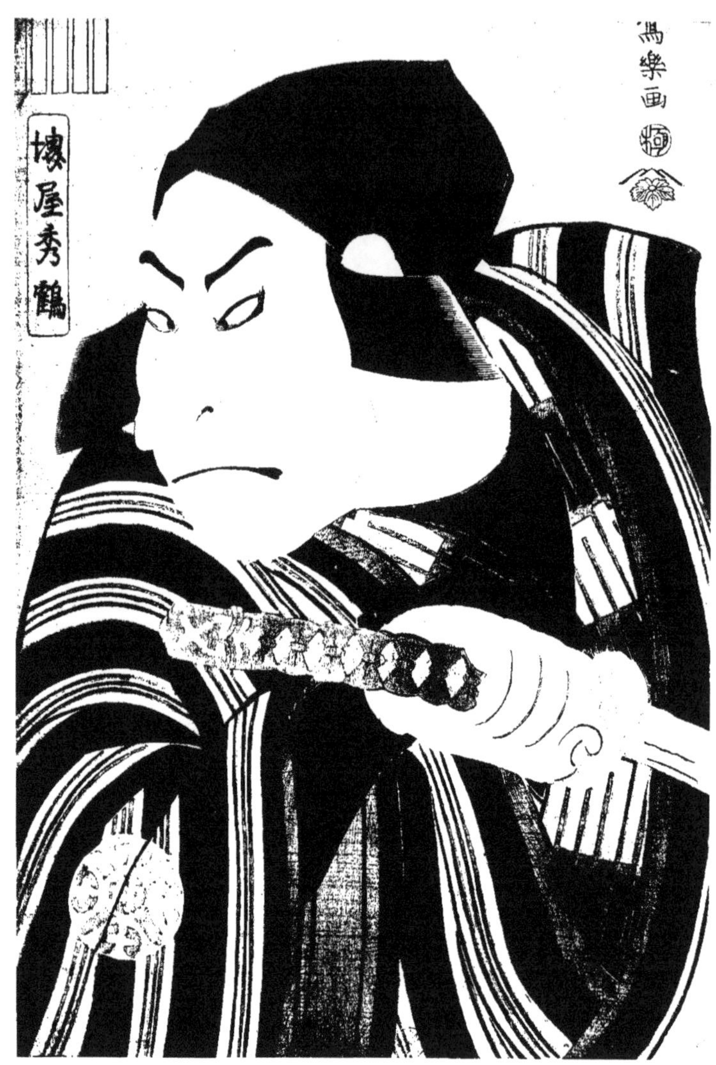
堺屋秀鶴
寫樂画

KIYONAGA, BUNCHO, SHARAKU [illegible] LIX

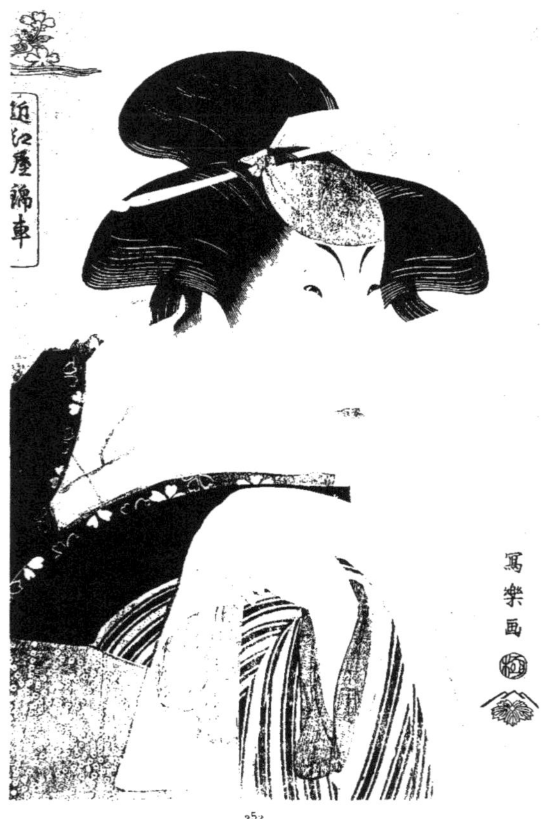

252

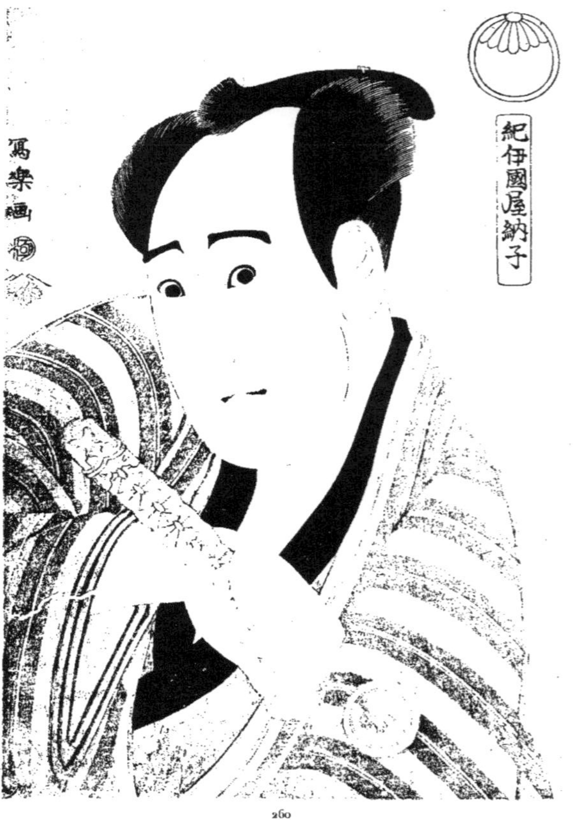

260

PL. LIX

KIYONAGA BUNCHO SHARAKU

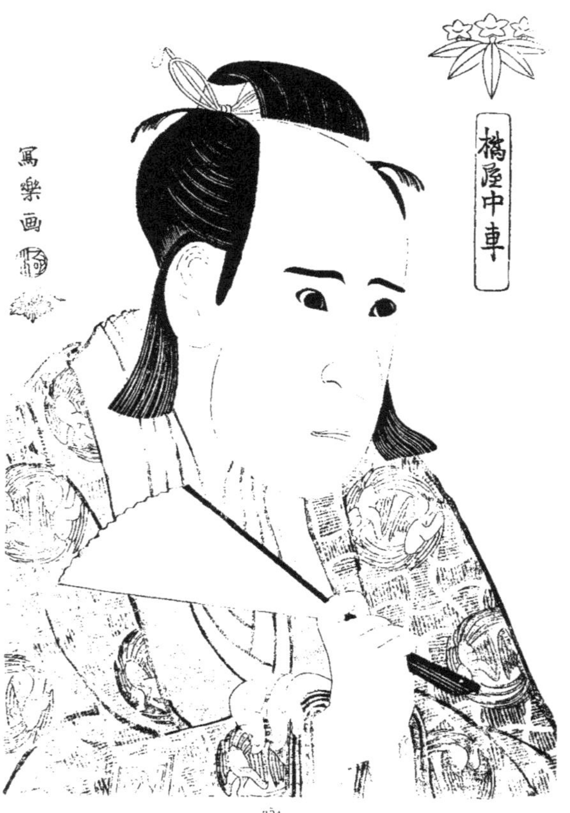

254

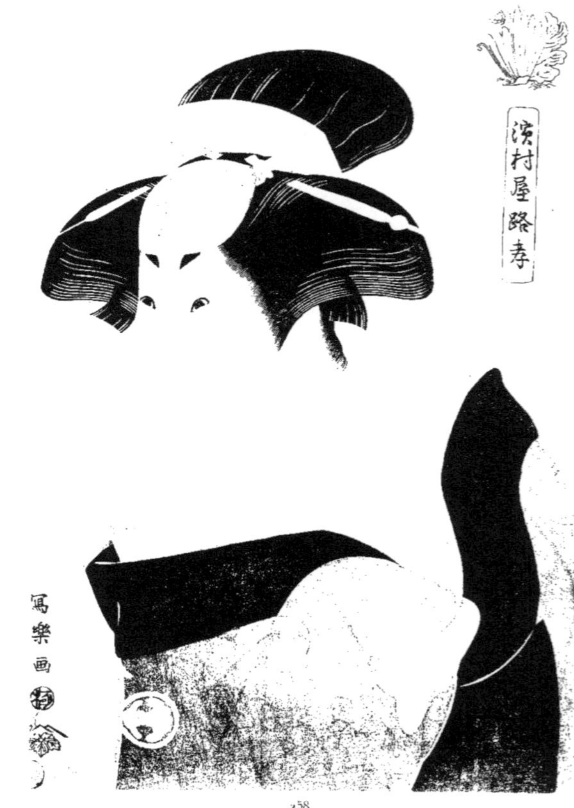

258

PL. LX

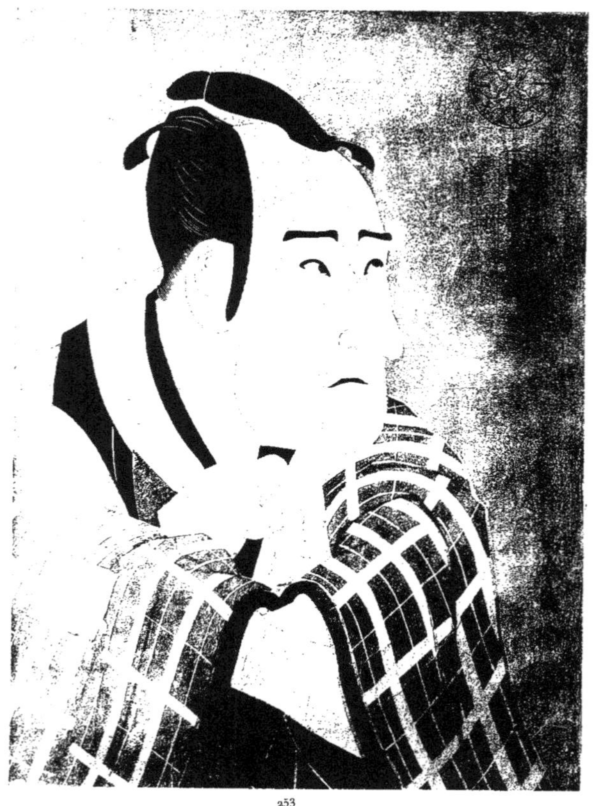

253

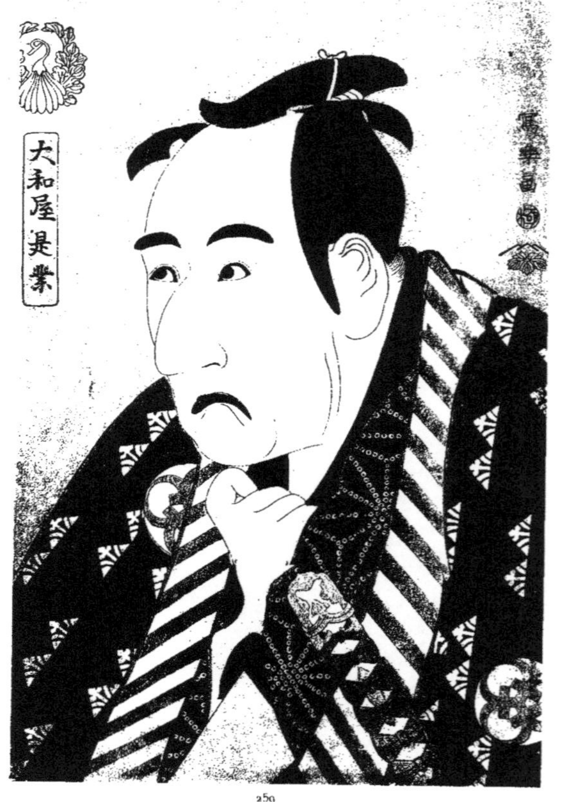

259

PL. LXI

KIYONAGA, BUNCHO, SHARAKU

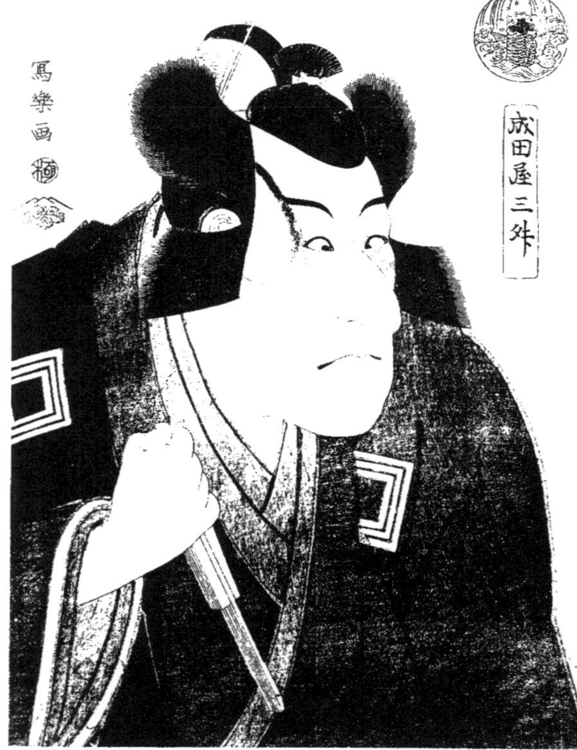

255

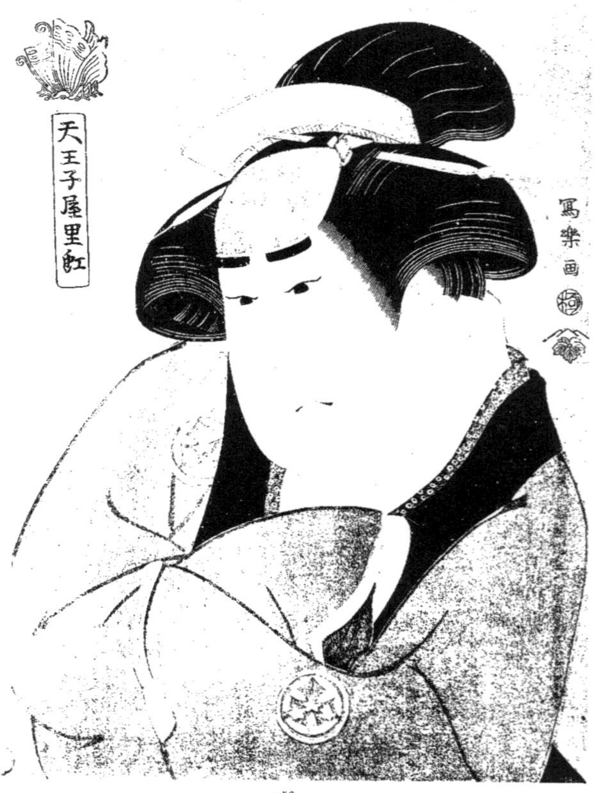

256

PL. LXII

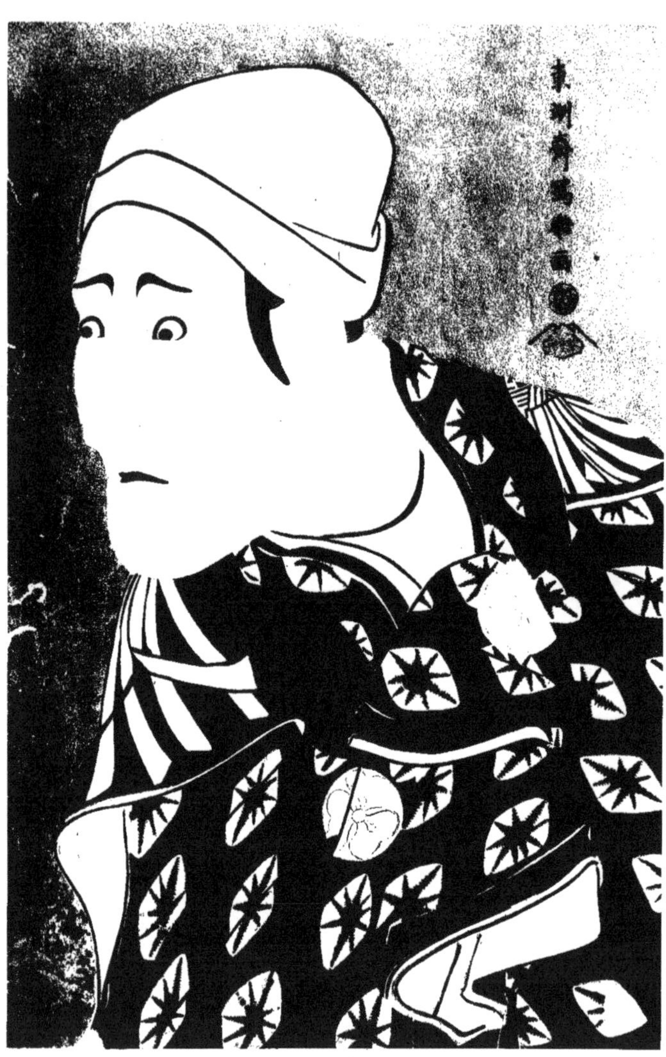

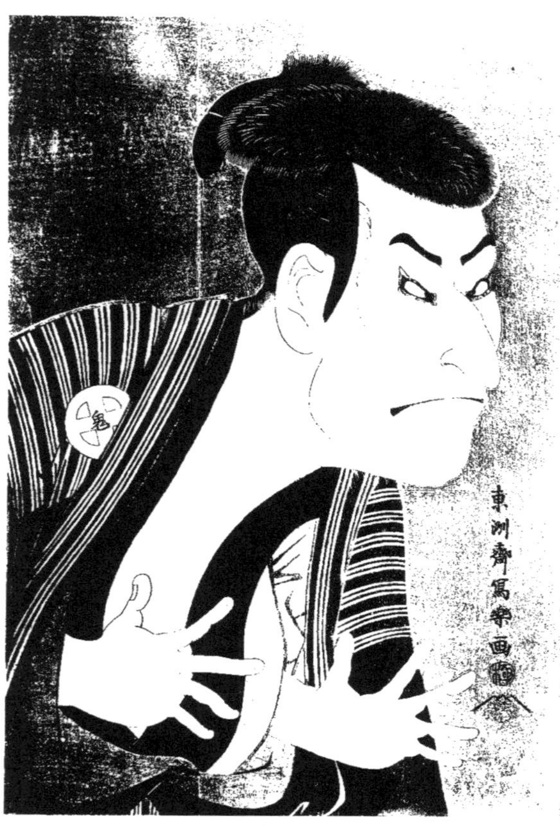

261 bis

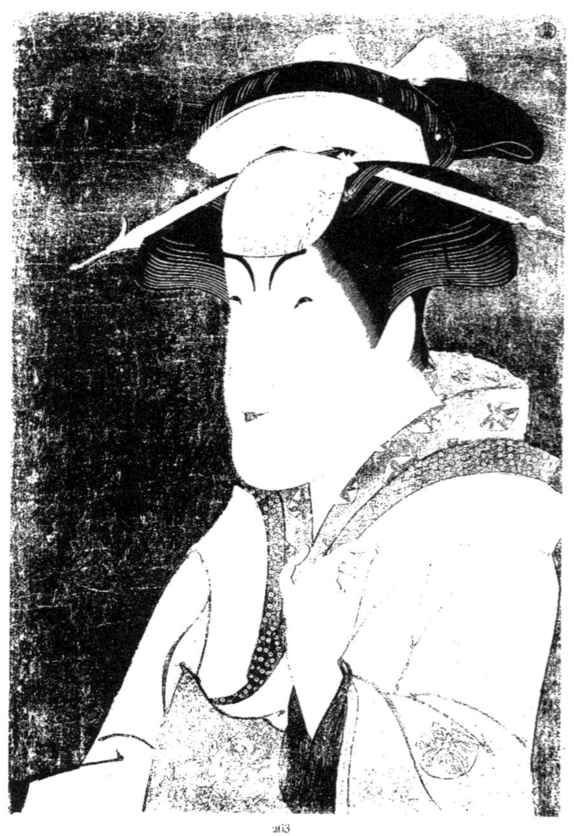

263

PL. LXIV

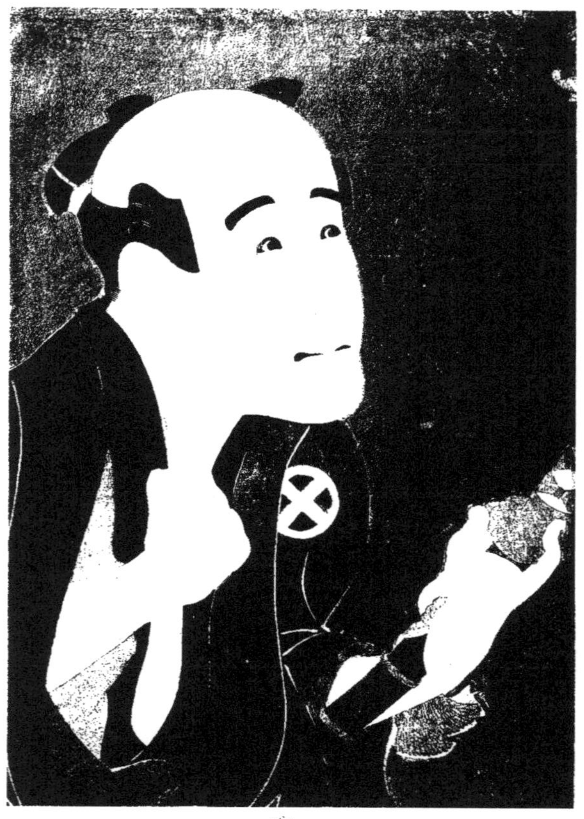

262

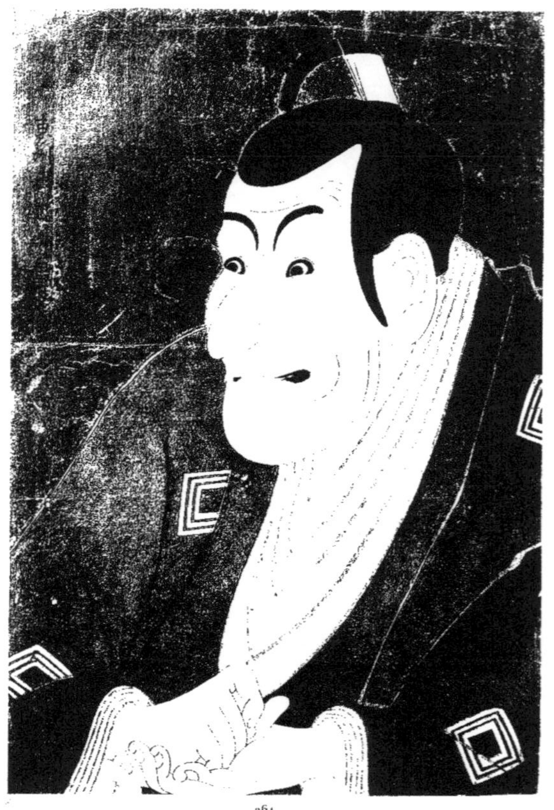

264

PL. LXV

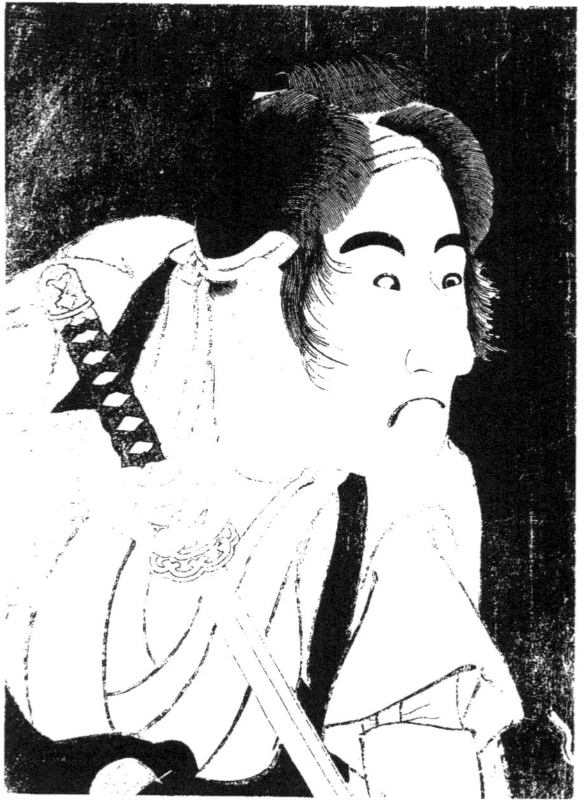

266

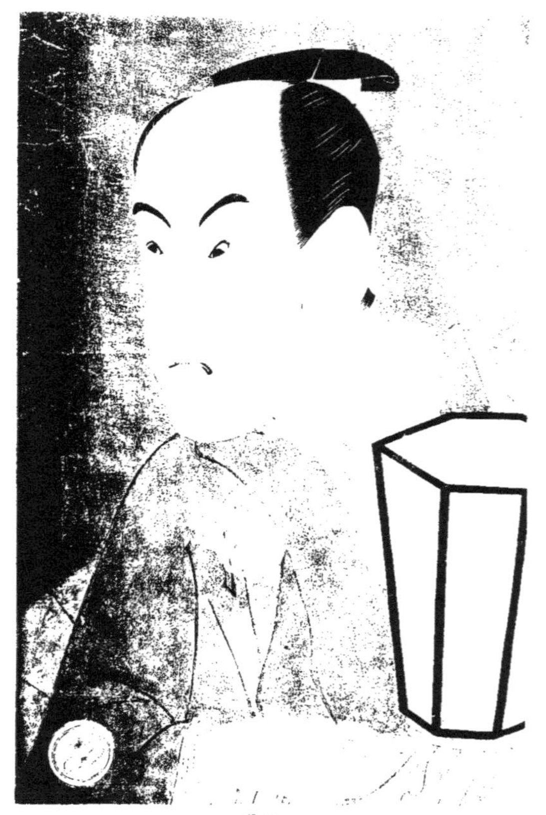

265 bis

PL. LXVI

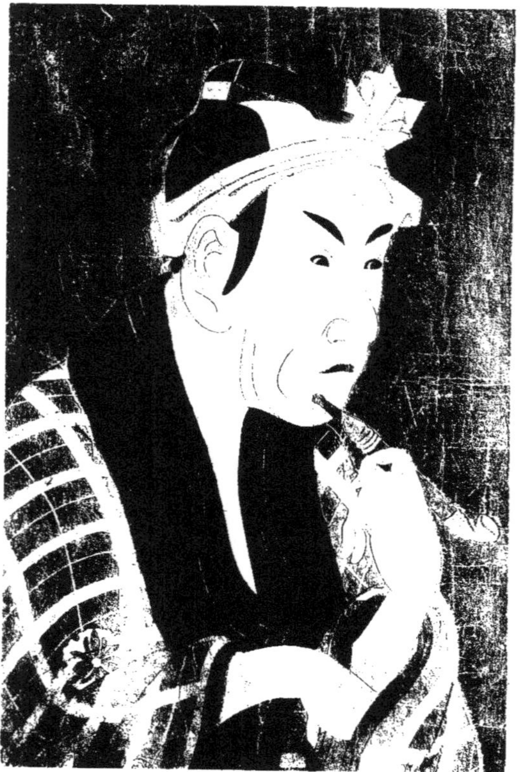

270

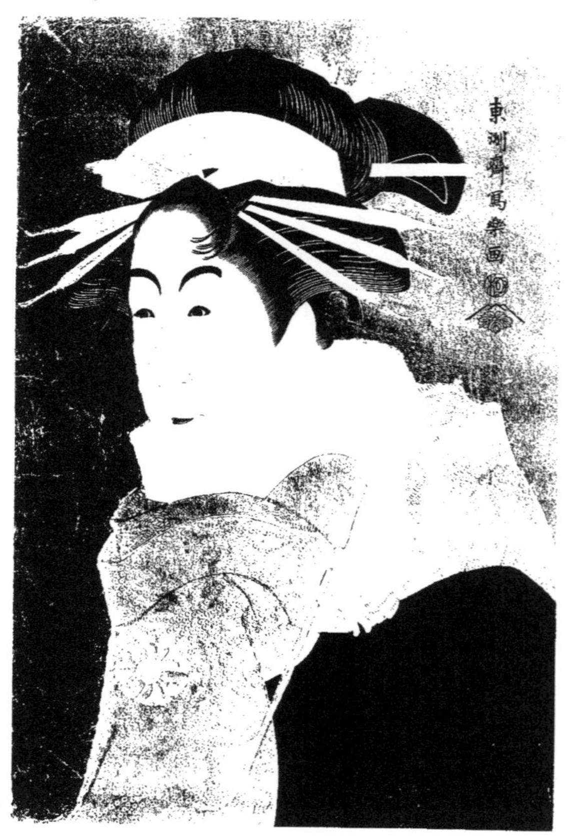

267

PL. LXVII

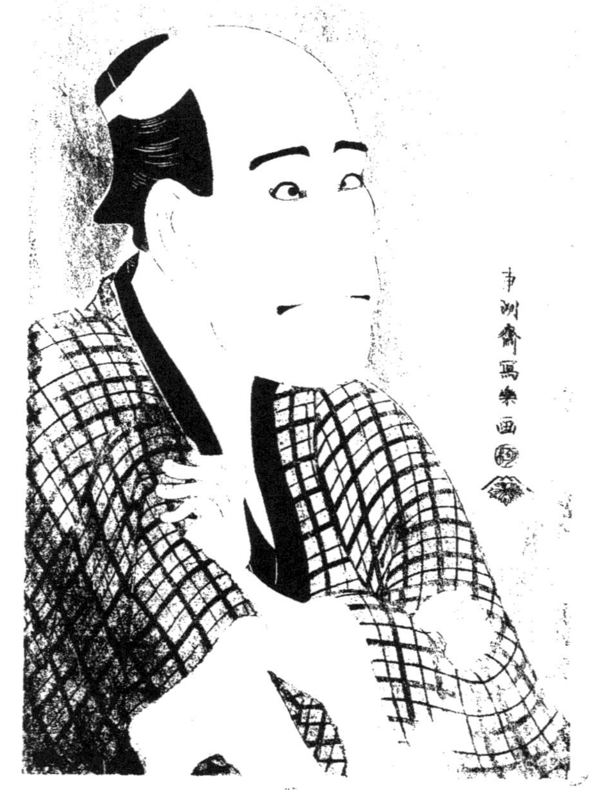

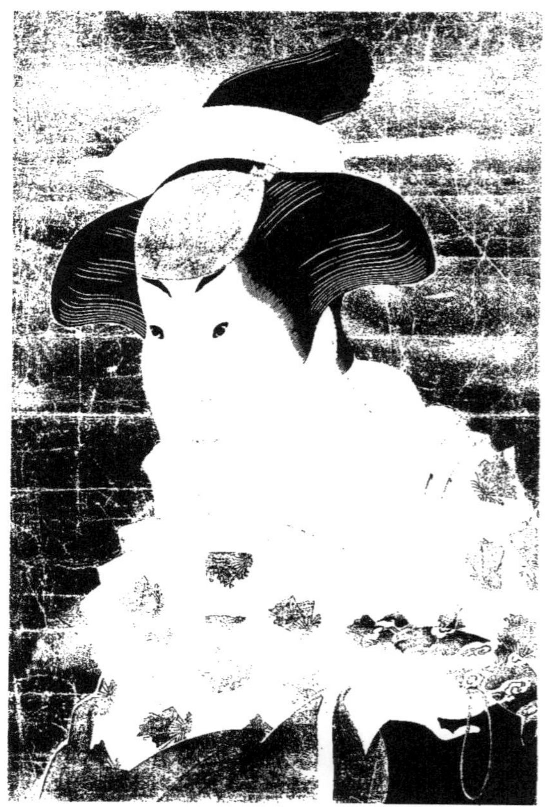

269

PL. LXVIII

KIYONAGA. BUNCHO. SHARAKU

Pl. LXIX

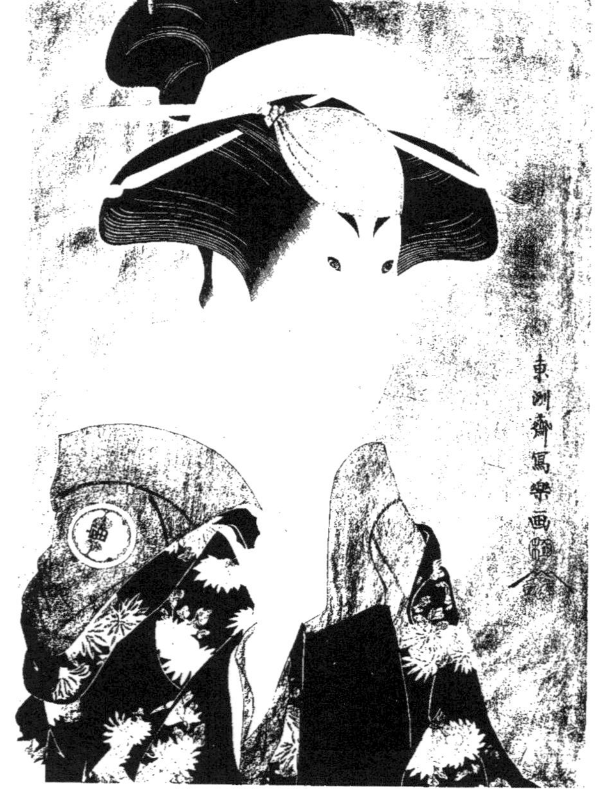

272

274

PL. LXIX

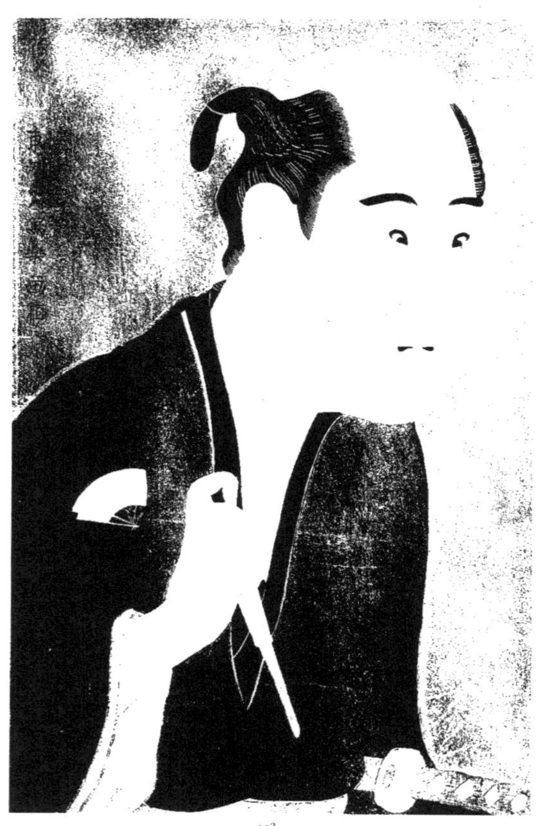

273

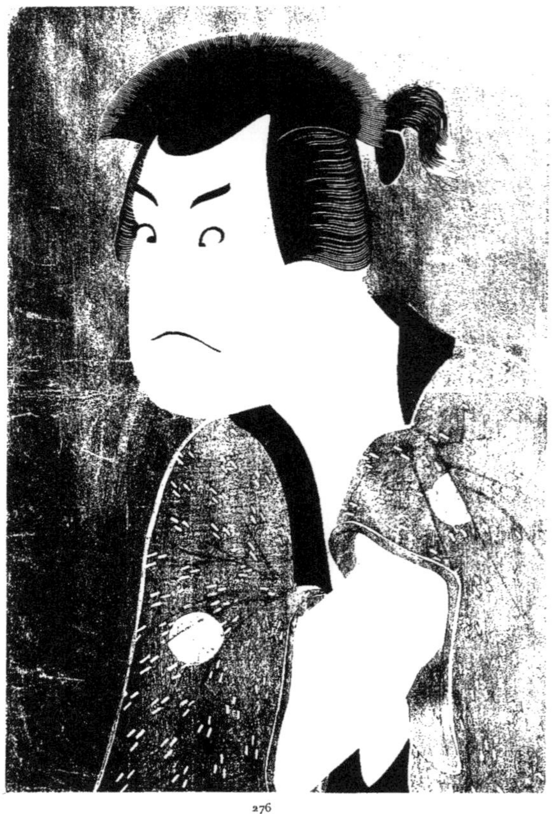

276

PL. LXX

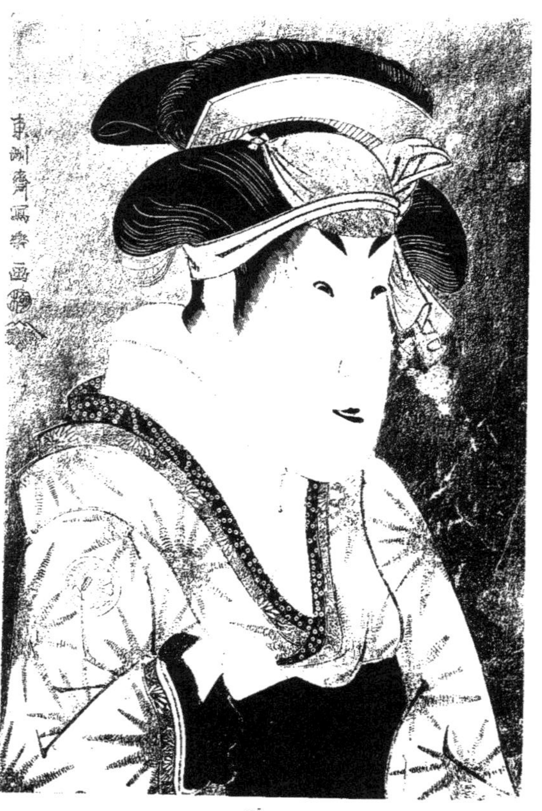

275

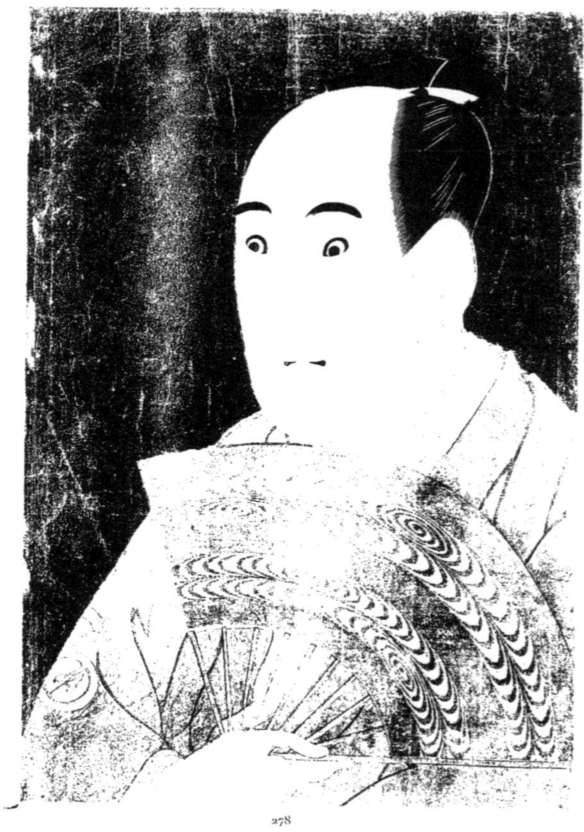

278

PL. LXXI

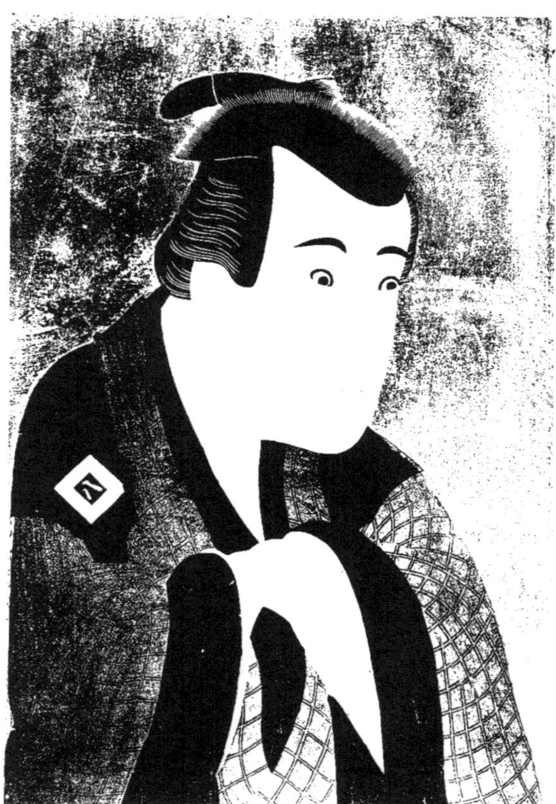

277

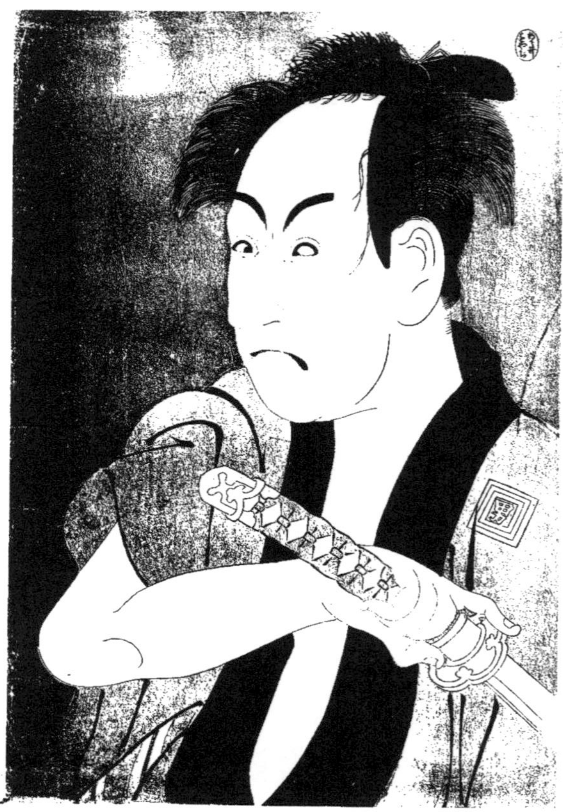

279 bis

PL. LXXII

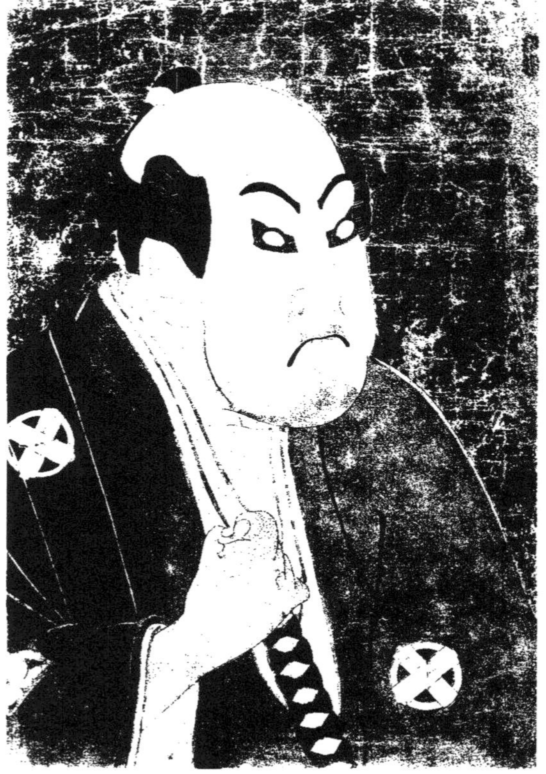

281

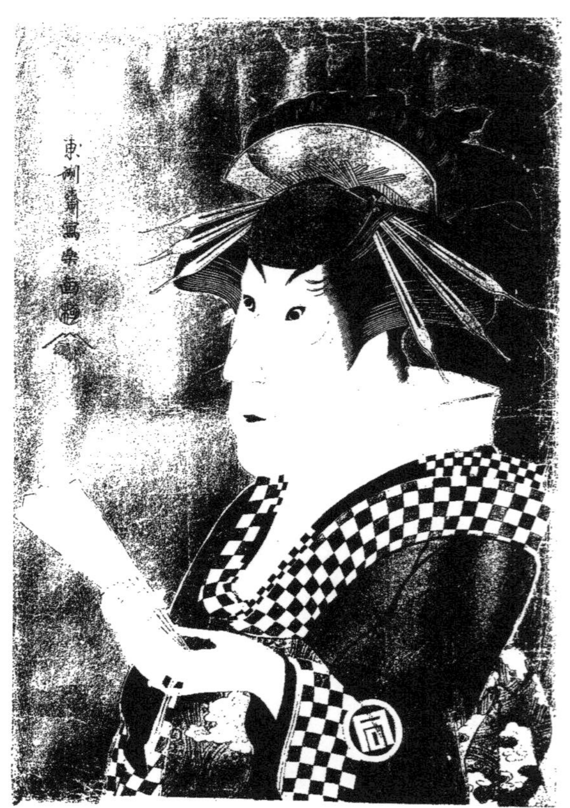

280

PL. LXXIII

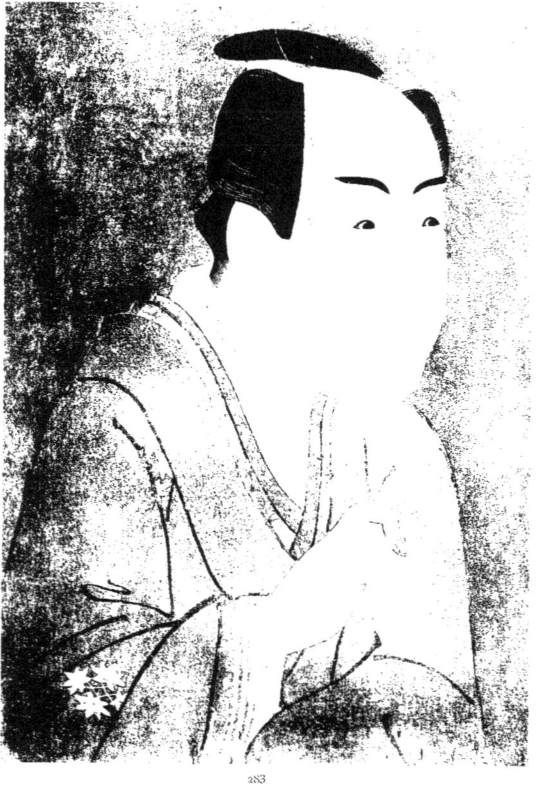

283

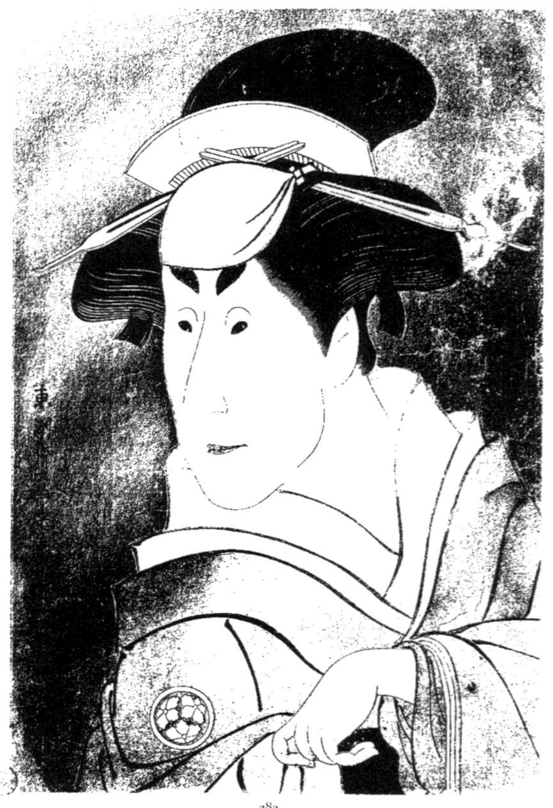

282

PL. LXXIV

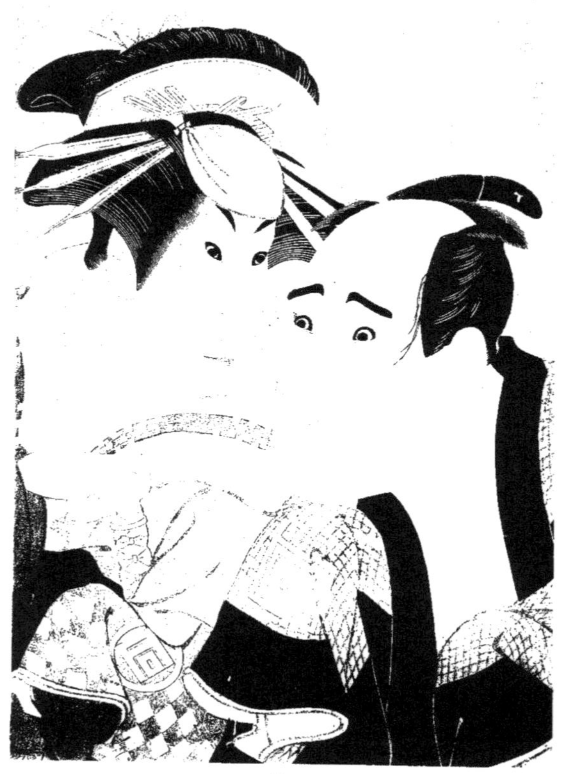

284

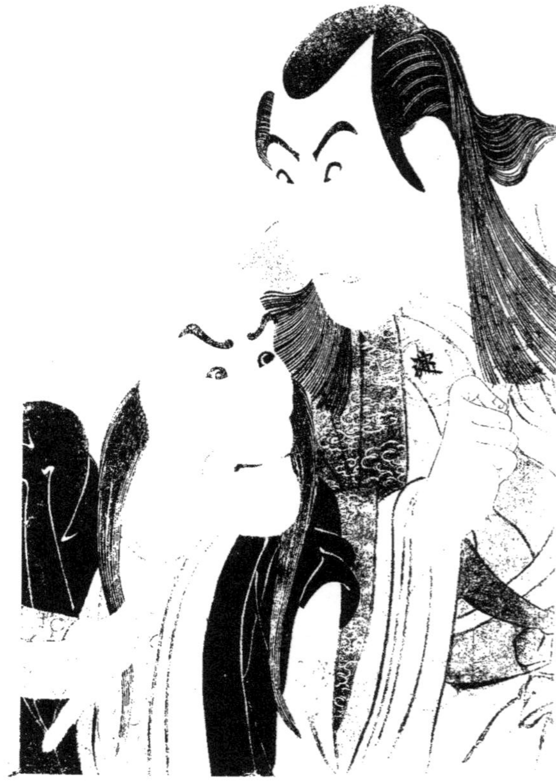

285

PL. LXXV

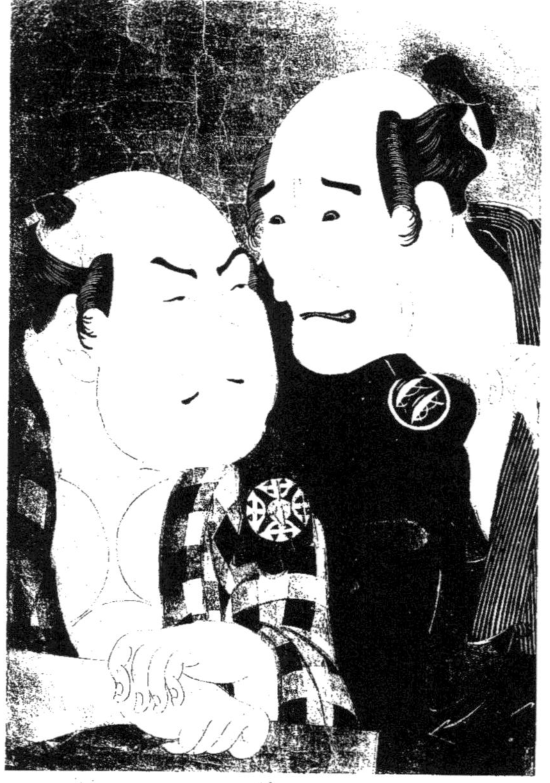

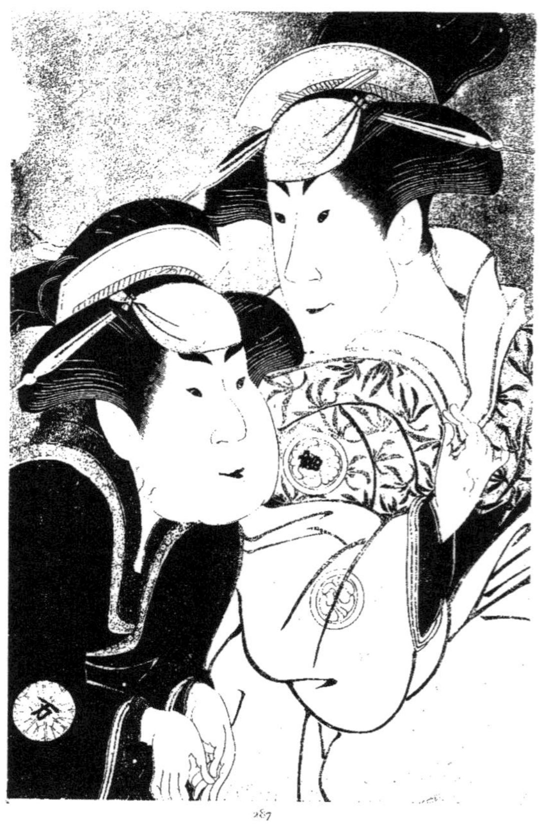

287

PL. LXXVI

KIYONAGA. BUNCHO. SHARAKU

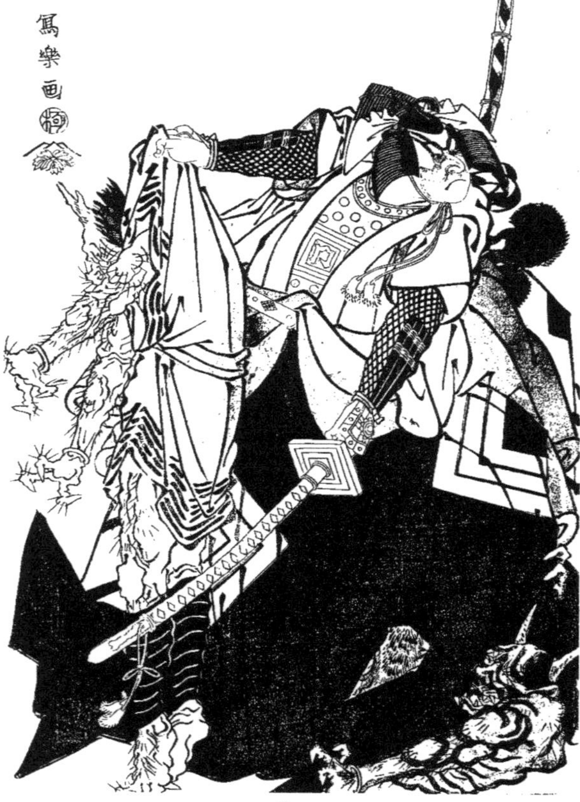

288

289

PL. LXXVII

KIYONAGA. BUNCHO. SHARAKU

PL. LXXVIII

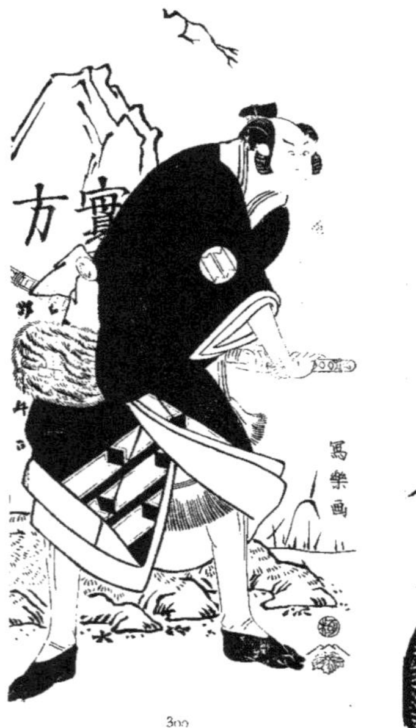

300

東洲齋
寫樂画

298

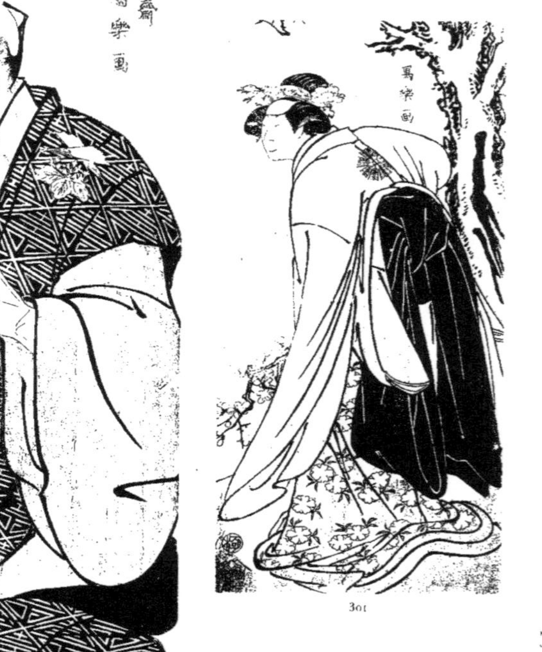

301

PJ .XXVIII

KIYONAGA. BUNCHO. SHARAKU

Pl. LXXIX

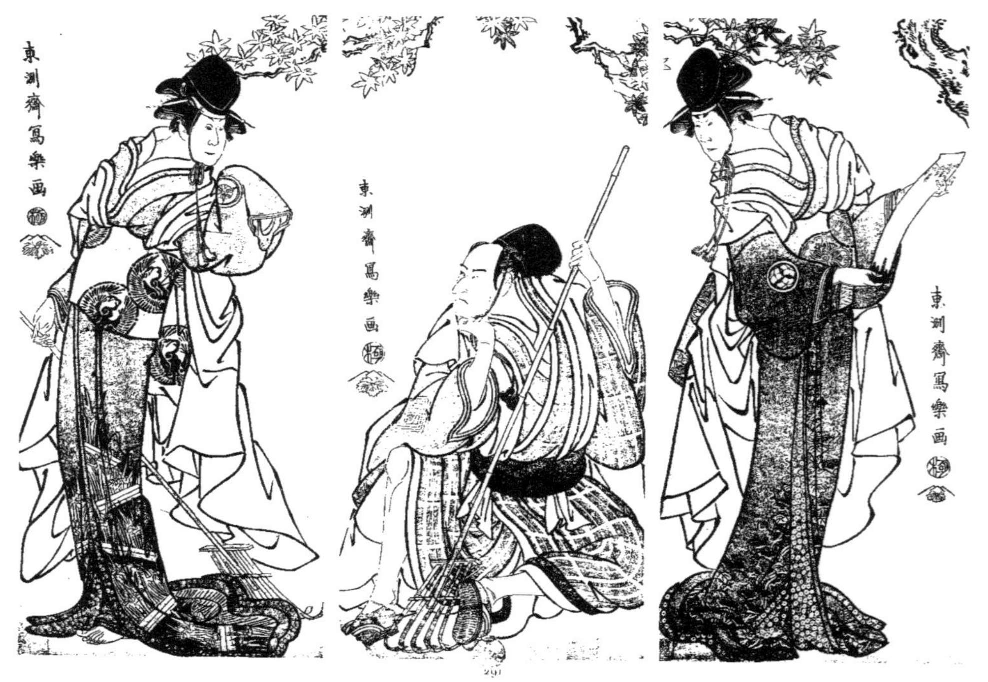

PL. LXXIX

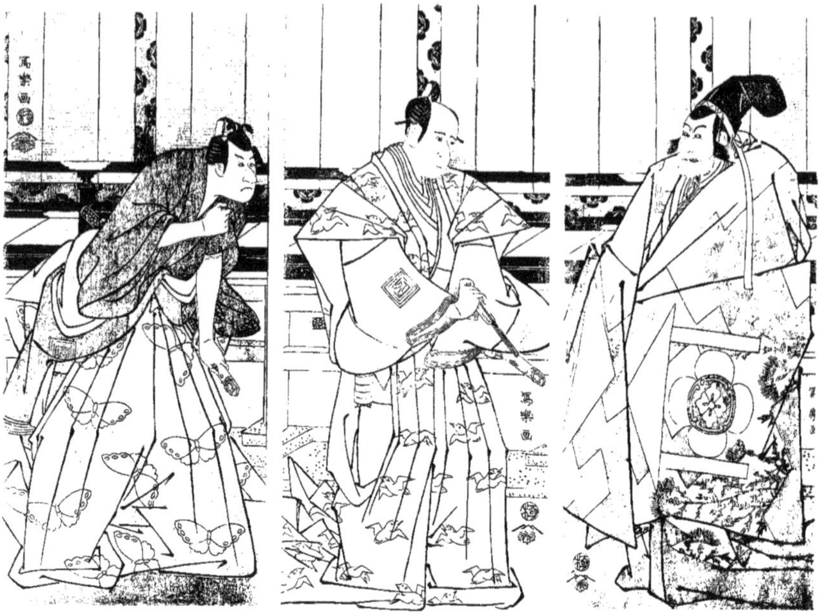

292

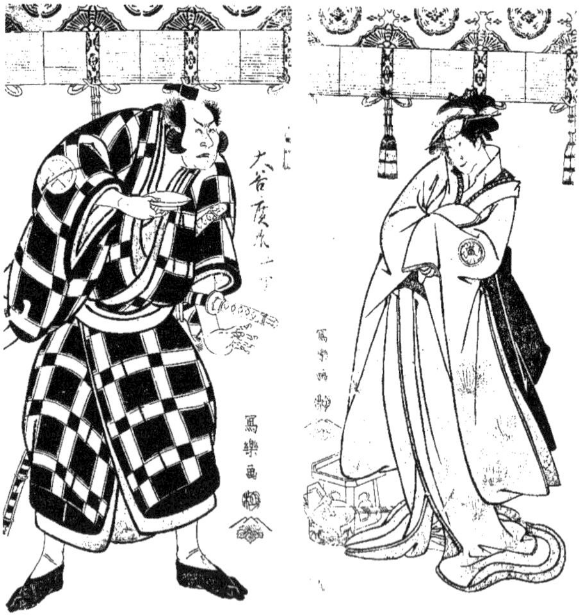

29[illegible]

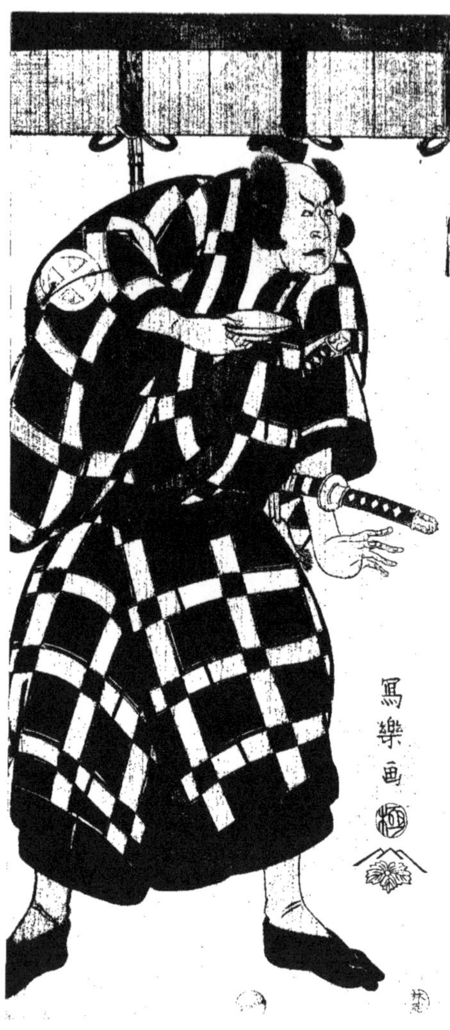
寫樂画

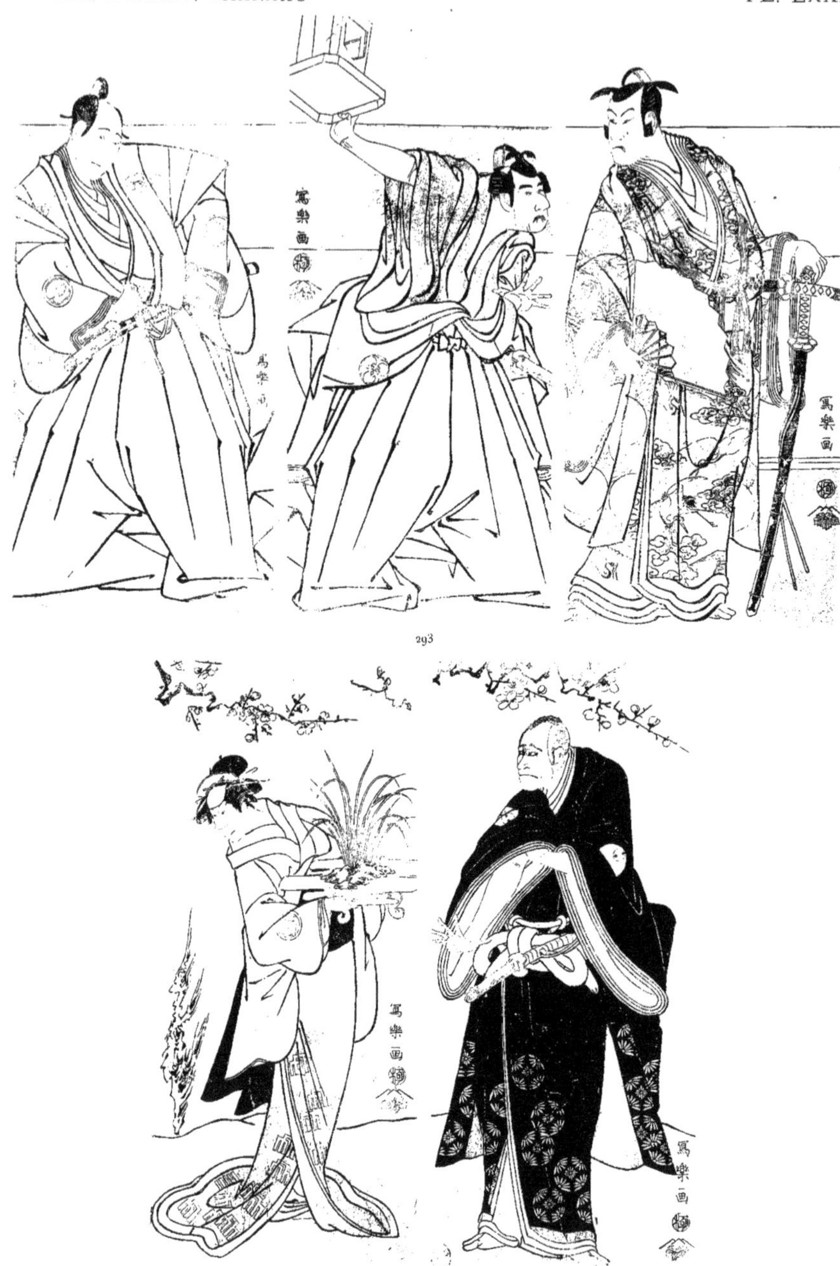

293

296

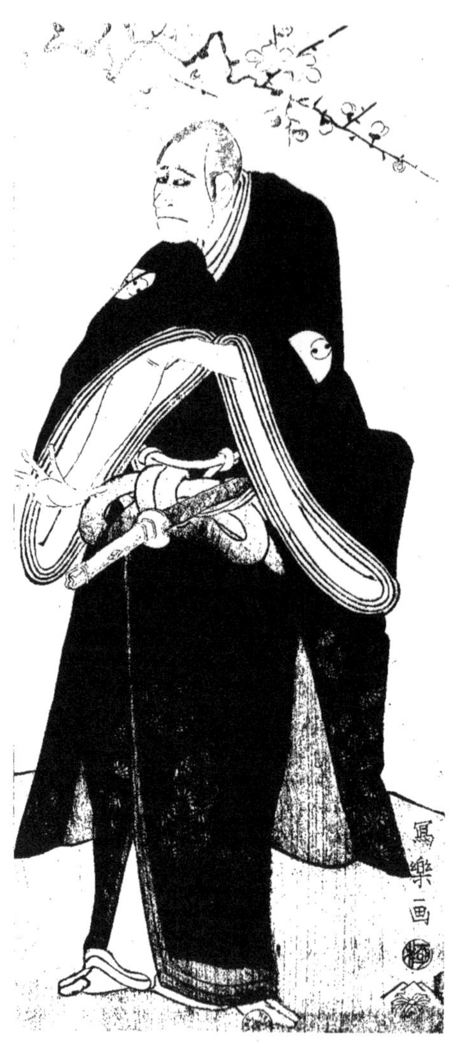
寫樂画

KIYONAGA BUNSHO SHARAKU

[illegible]

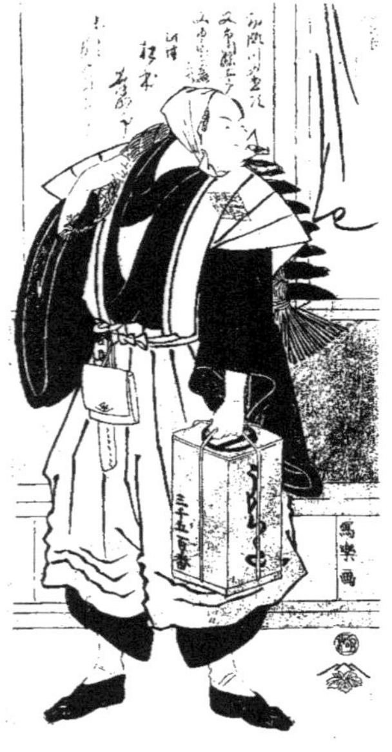

299

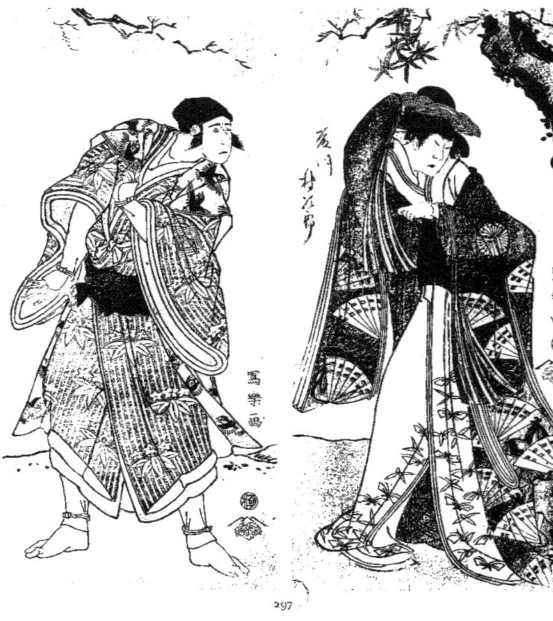

297

302

PL. LXXXIV

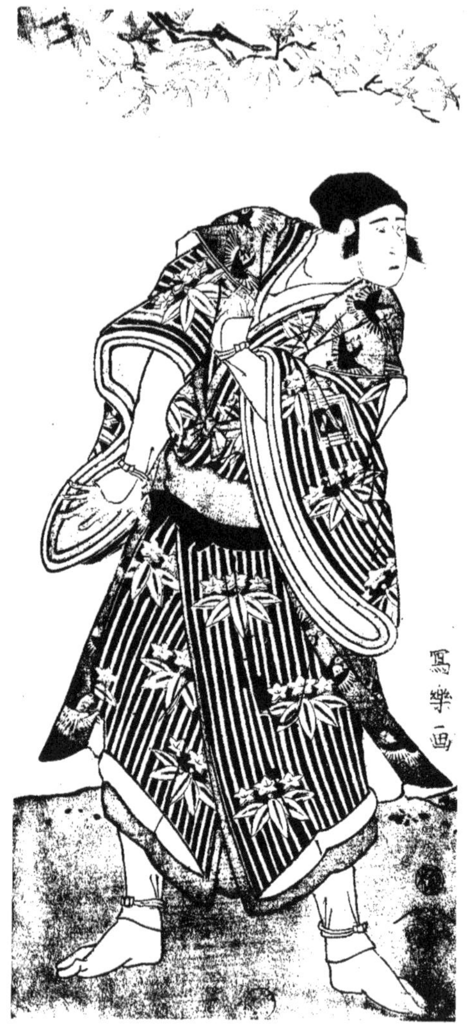
寫樂画

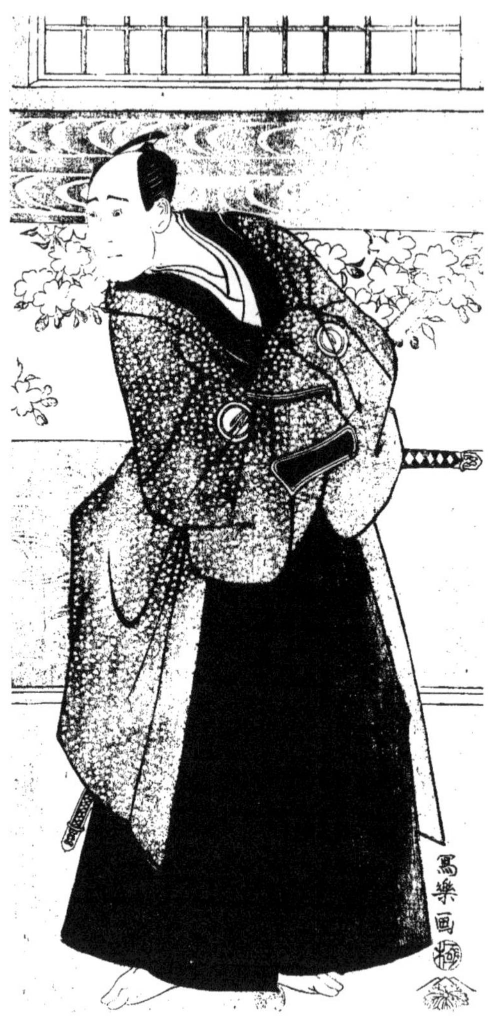
寫樂画

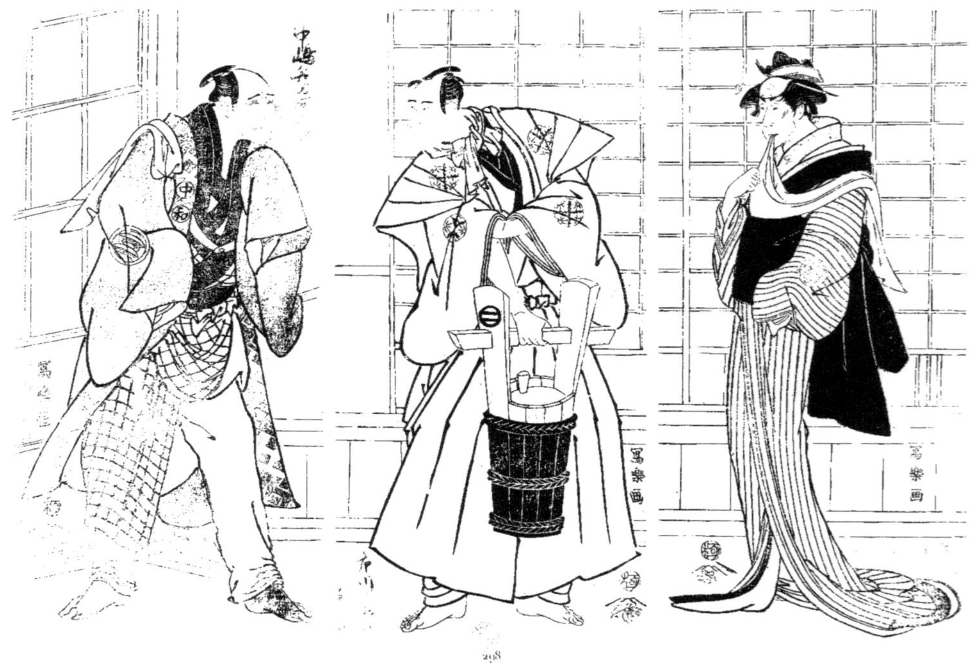

PL. LXXXVII

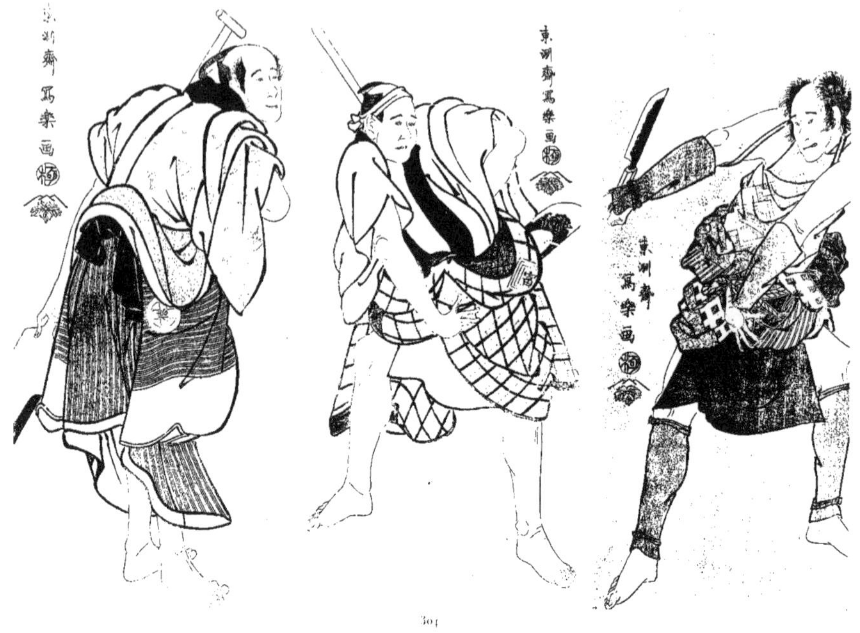

304

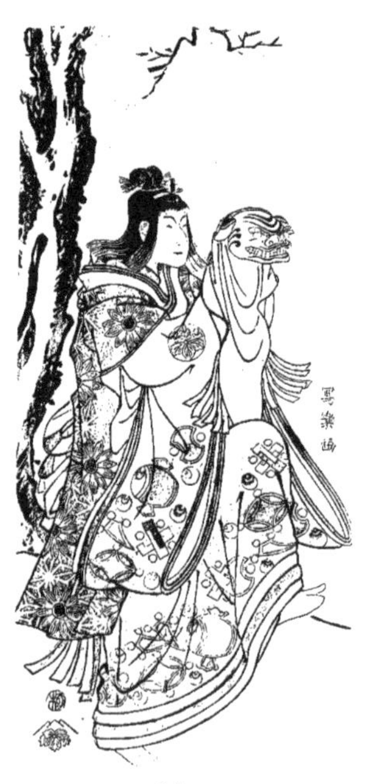

303

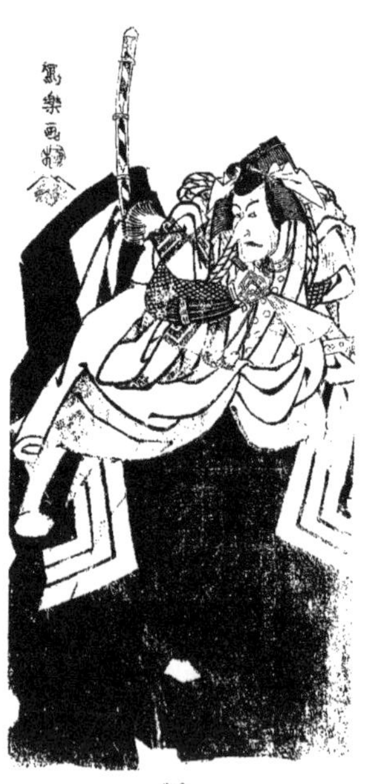

306

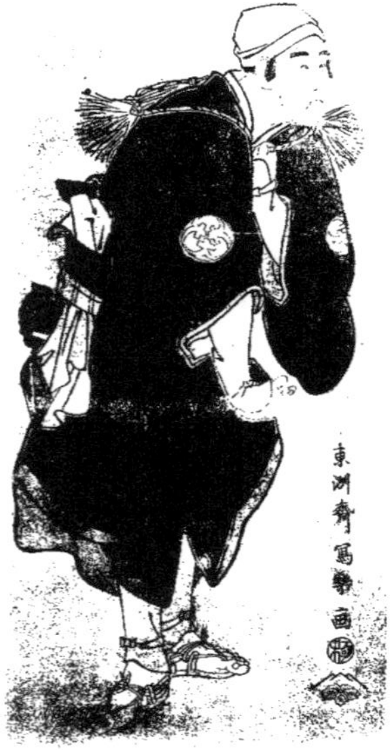

307

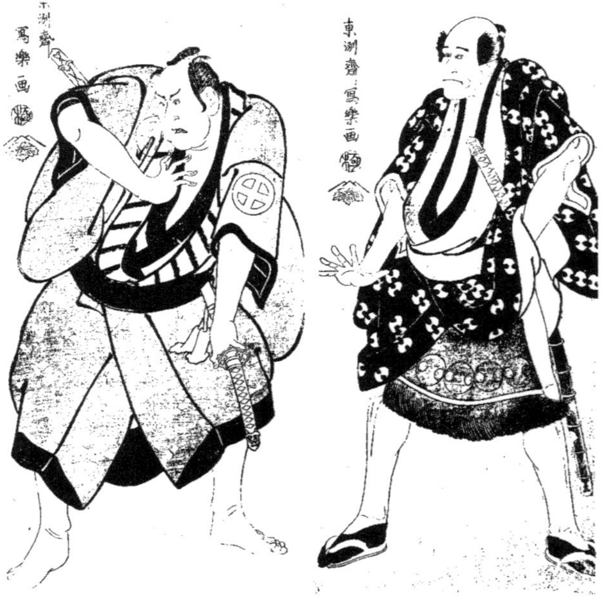

305

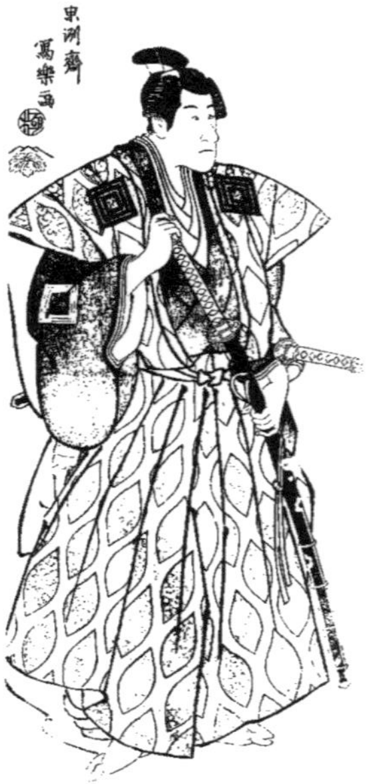

308

PL. LXXXIX

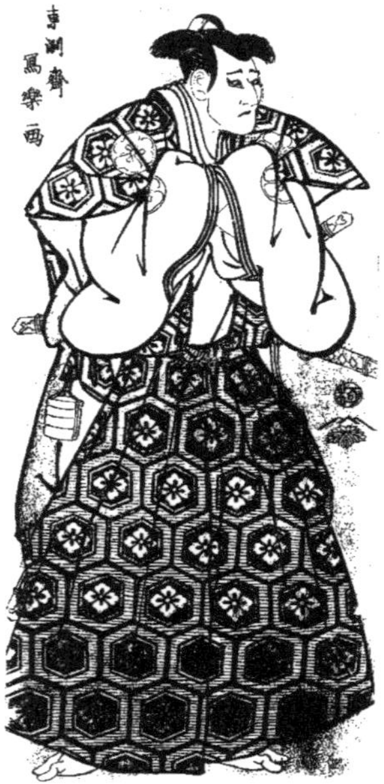

309 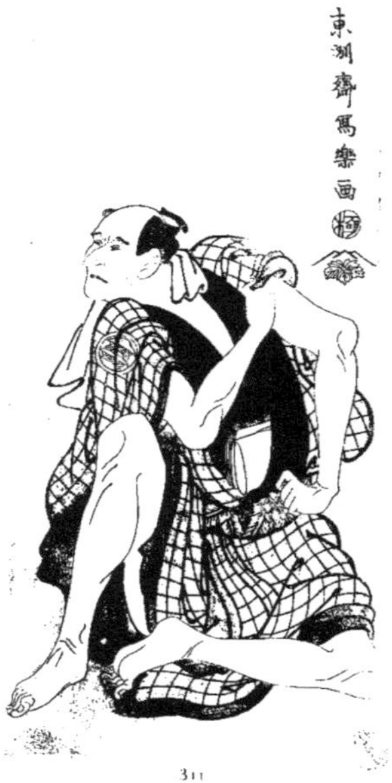 311 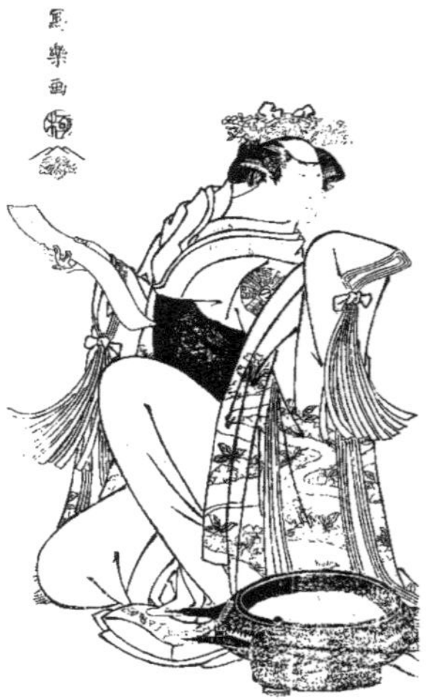 314 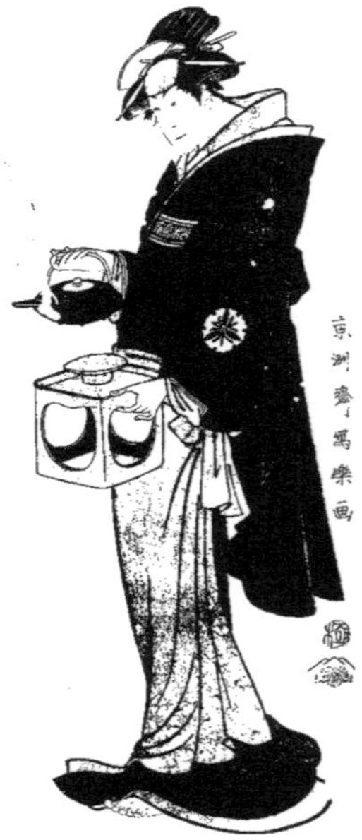 310

PL. XC

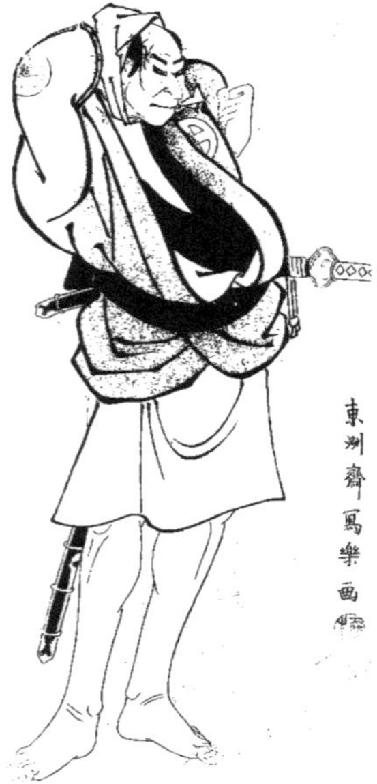

東洲斎写楽画

317

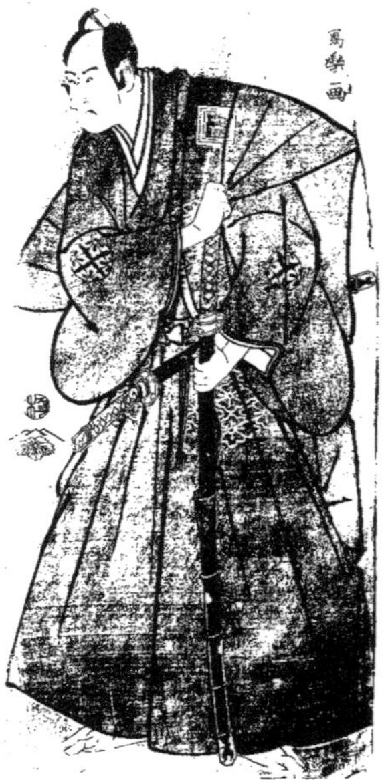

写楽画

312

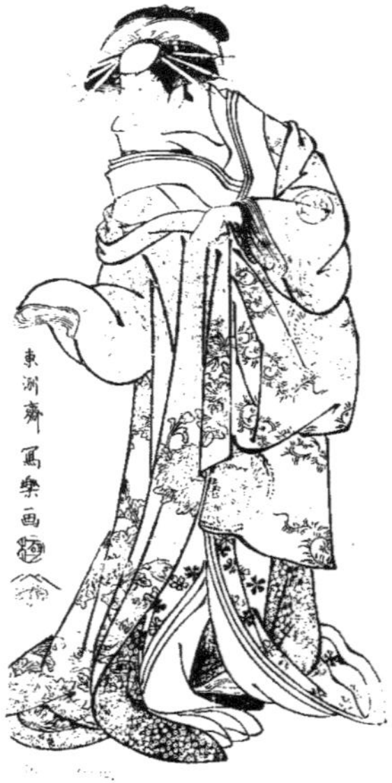

東洲斎写楽画

316

東洲斎写楽画

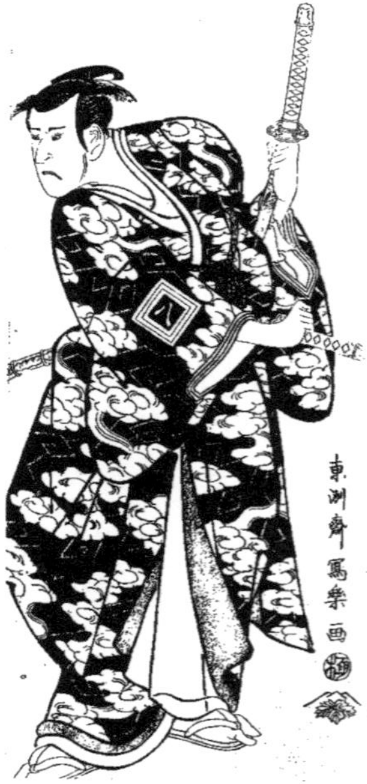

315

PL. XCI

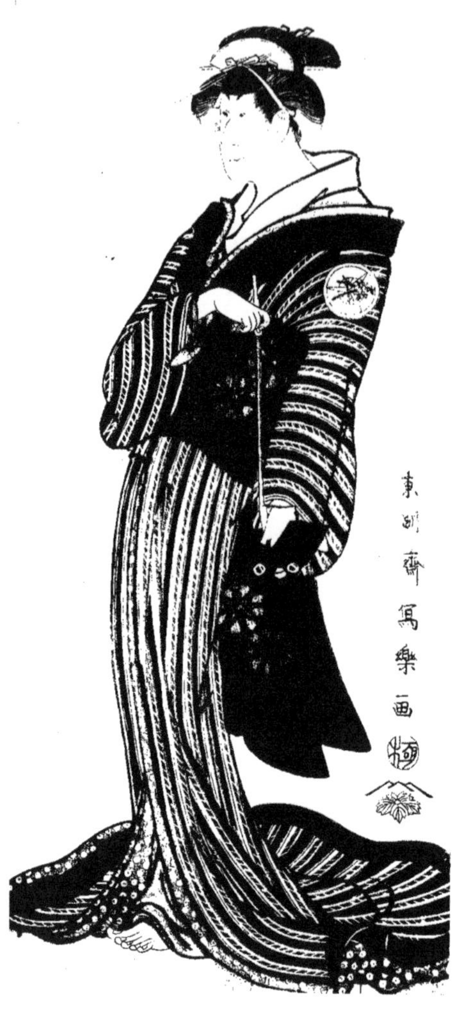
東洲齋寫樂画

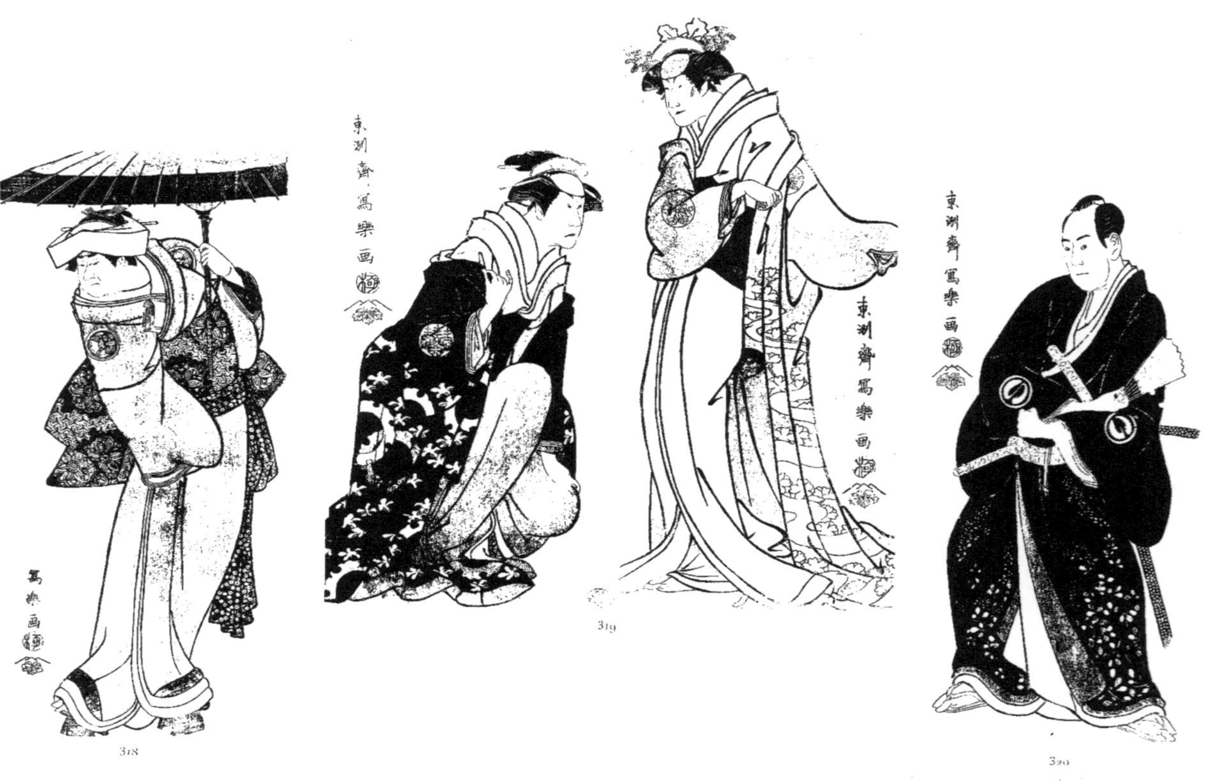

318

319

320

PL. XCIII

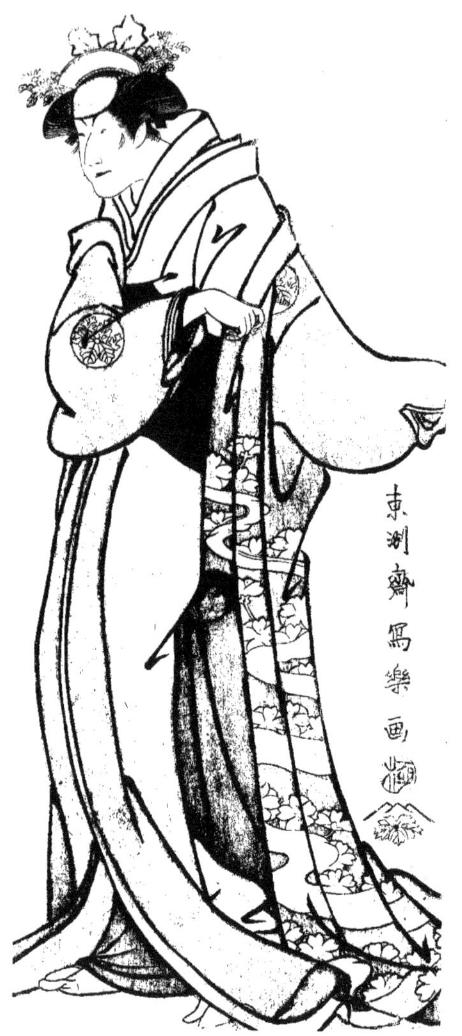
東洲齋寫樂画

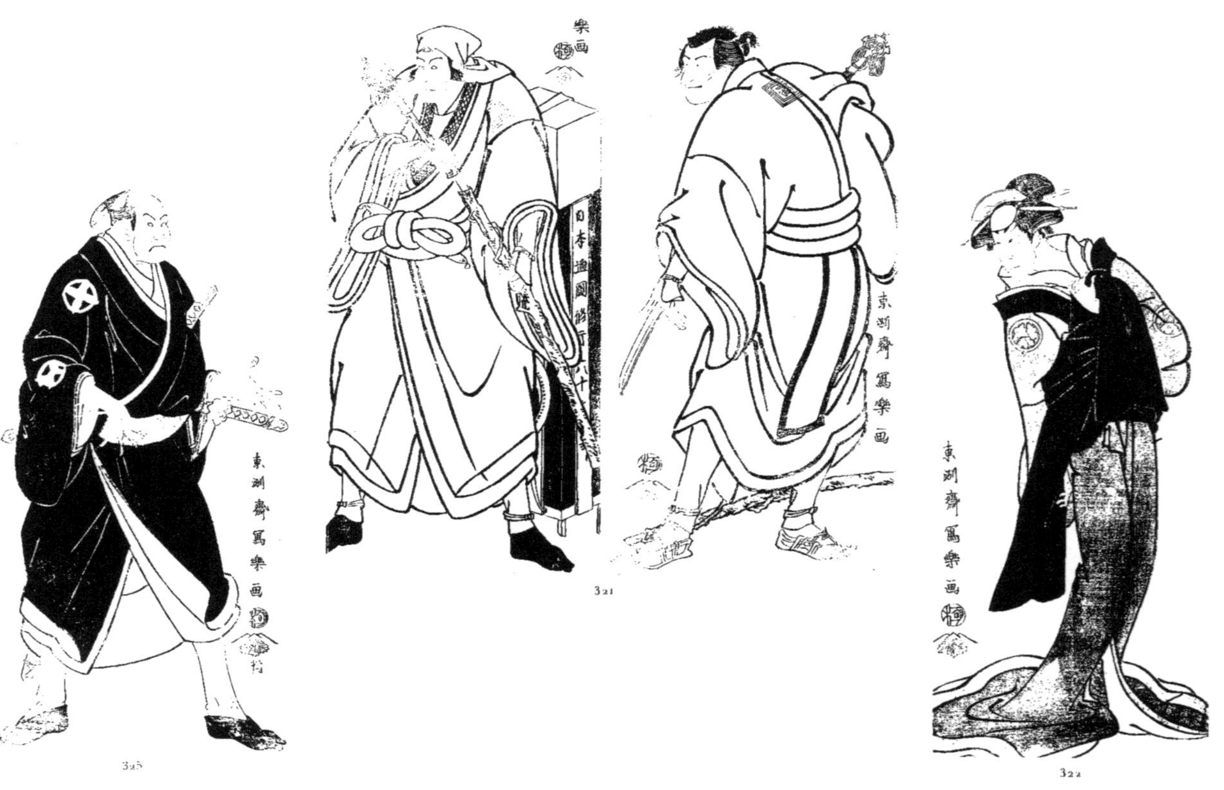

323

321

322

PL. XCV

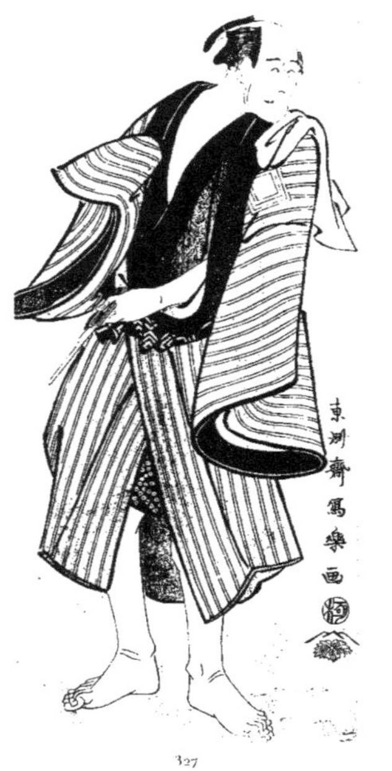

327

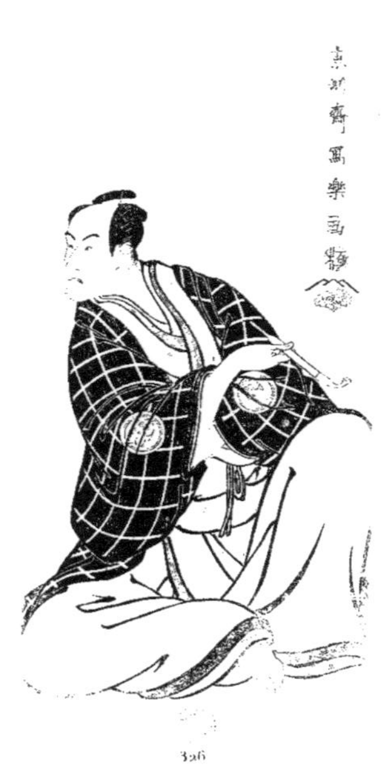

326

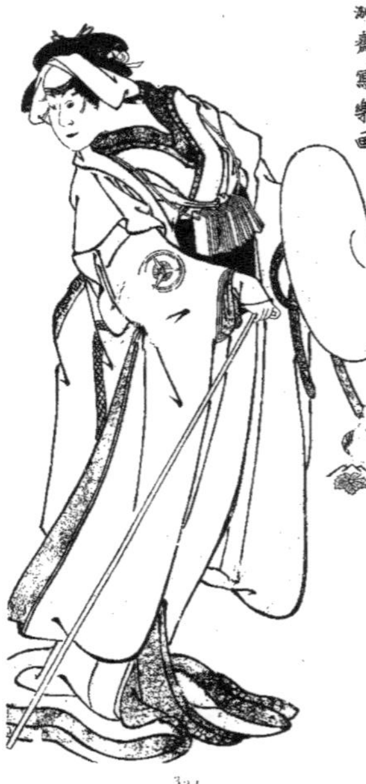

324

PL. XCVI

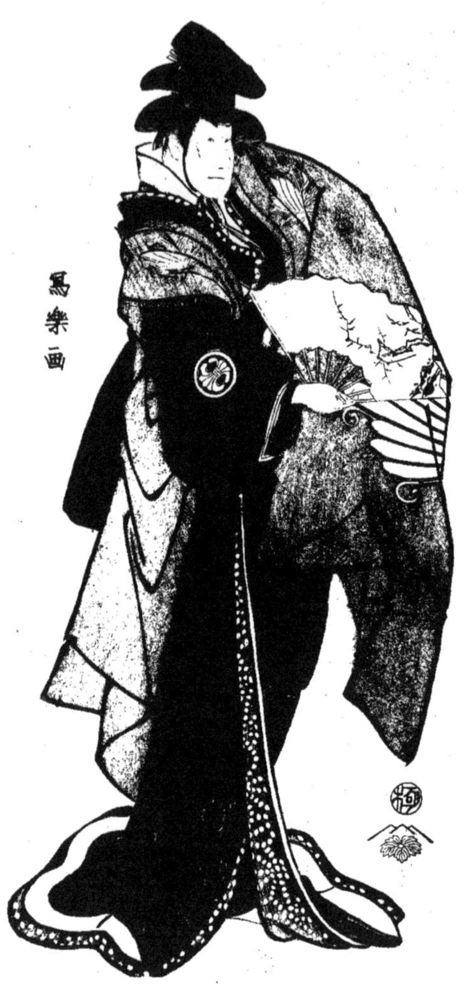
寫樂画

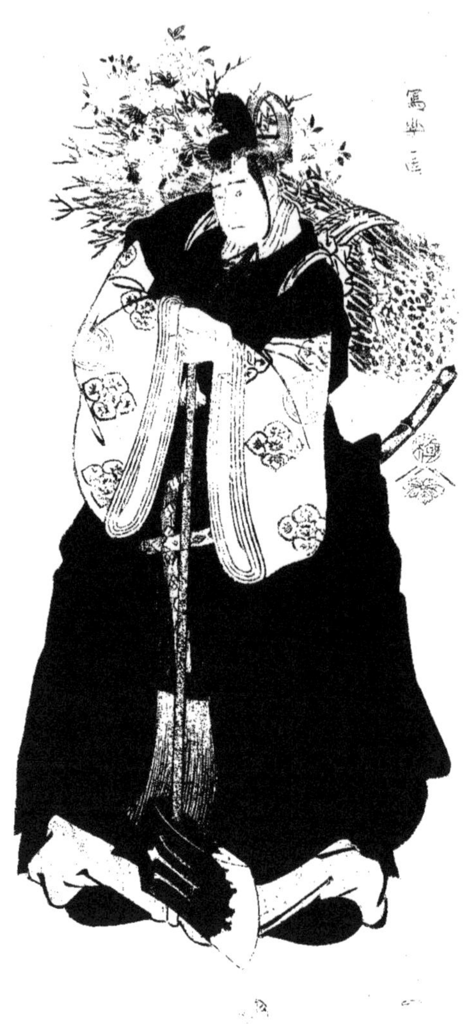

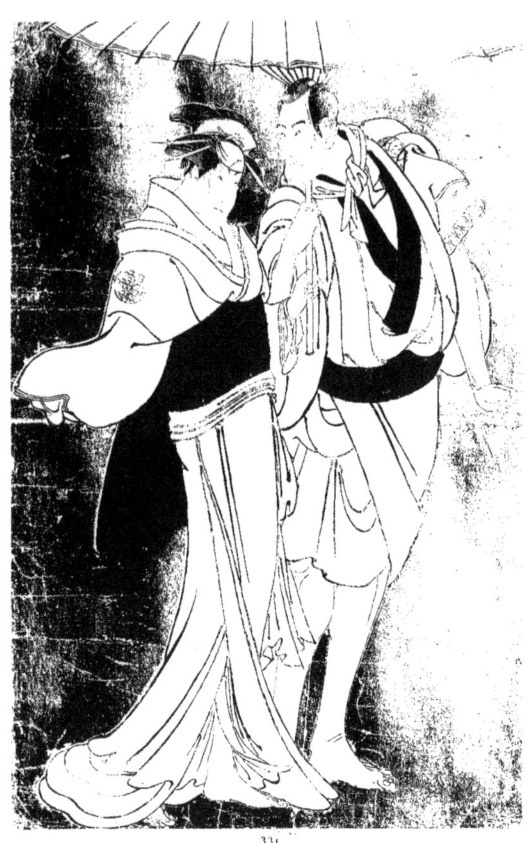

331

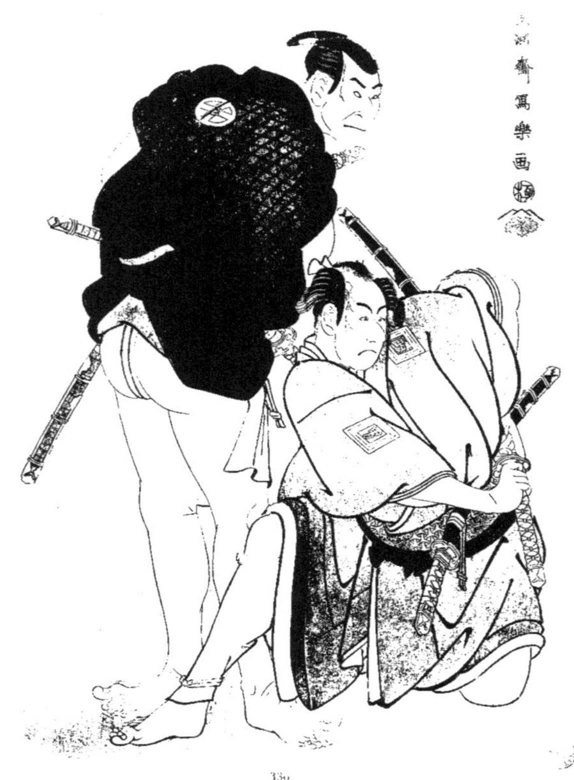

336

334

PL. C

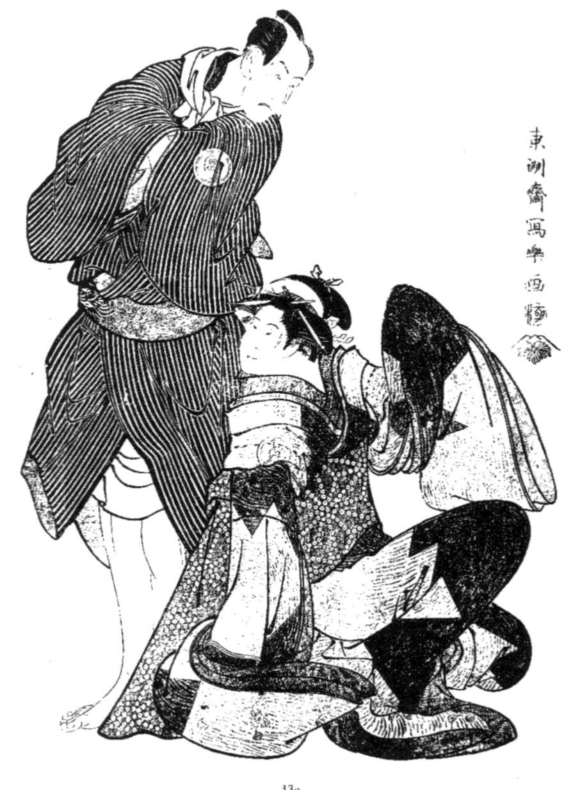

332

東洲斎寫樂画

335

PL. CI

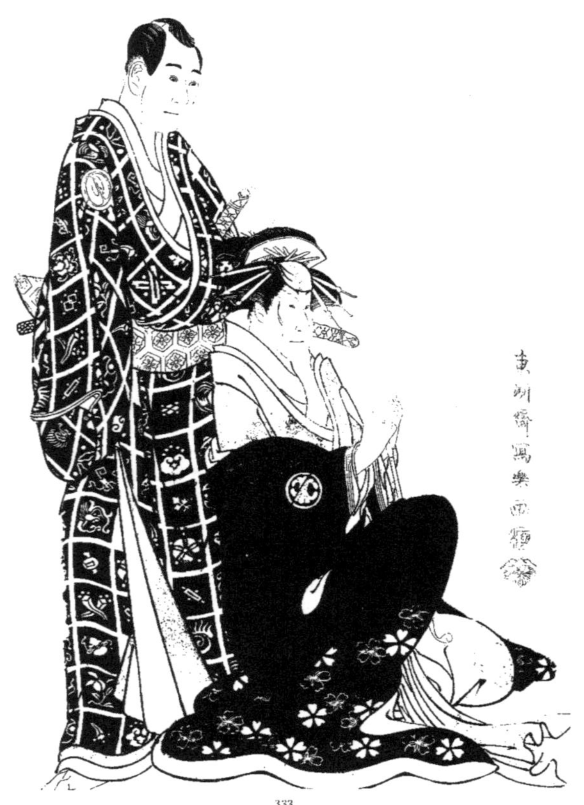

333

329

PL. CII

www.ingramcontent.com/pod-product-compliance
Ingram Content Group UK Ltd.
Pitfield, Milton Keynes, MK11 3LW, UK
UKHW021132260726
13994UKWH00001B/100